Friederun Pleterski

Ein Haus in Dalmatien

Friederun Pleterski

Ein Haus in Dalmatien

Vom Leben auf einer Insel der Adria

DRAVA

Drava

DRAVA VERLAG • ZALOŽBA DRAVA GMBH

www.drava.at

Die Erstausgabe erschien 2004, die überarbeitete Neuauflage 2008

ISBN 978-3-85435-820-6

Inhalt

Ein Haus in Dalmatien
Zur dritten Auflage

Der Erwerb meines Hauses auf der norddalmatinischen Insel Olib war ein Abenteuer. Das Haus war alt, der Umgang mit den Bewohnern der Insel, mit den Handwerkern und den kroatischen Behörden, war für mich neu. Ich hatte mich in dieses verträumte Haus am Meer verliebt. Erst während der Zeit des Umbaus begann ich zu realisieren, was es bedeutet, auf einer Insel zu arbeiten und zu leben. Drei Stunden brauchte man von Zadar per Schiff nach Olib, zehn Stunden von Österreich nach Zadar, im Jahr 2002 gab es noch keine Autobahn und Kroatien war noch nicht in der EU. Es gab Grenzen, Zoll und keine Baumärkte. Meine Annäherung an eine urtümliche, postjugoslawische Welt ist das Thema dieses ersten Insel-Buches in das ein Stück kroatische Landesgeschichte einfließt. „Ein Haus in Dalmatien" erschien 2004 in einer ersten und 2008 in einer zweiten, dieses Mal mit Fotos bunter gestalteten Auflage bei „Carinthia" (Verlag Styria).

Friederun Pleterski

Der Traum vom Haus am Meer

Im Jahr 2001 kaufte ich auf eine Anzeige im Internet hin ein stabiles altes Haus auf Olib. Ein Haus, das für mich der Inbegriff von Lebensqualität ist: luftig, hell, aus Stein und Holz, dauerhaft und anspruchslos. Es sollte ein Ferienhaus sein, doch mittlerweile ist es schon beinahe zum Wohnsitz geworden. Macchia, Olivenöl und die skurrilen Bewohner des Eilands sind mir so vertraut, als wäre ich schon viele Jahre hier. Wer sich selber genug ist, keine Ansprüche an den Konsum stellt und die Natur zum Atmen braucht, der kann auf den letzten von Hast und Gier unberührten Inseln Dalmatiens seine Heimat finden.

Ich suchte jahrelang und legte tausende Kilometer und Seemeilen zurück, bis ich durch eine simple Zeitungsannonce an die Adresse eines deutschen Vermittlers geriet, die mich auf seine Immobilienseite im Internet verwies. Die Angebote schienen interessant, und so fuhr ich in den Süden.

Als Edeltraud, die Vertreterin des Maklers in Zadar, nachdem sie mir zehn Fotos von angeblich attraktiven Objekten gezeigt hatte, schließlich das Foto meines Hauses aus dem Kuvert zog, entschuldigte sie sich fast dafür: »Ein Haus für Aussteiger, auf einer entlegenen Insel, wo es nur Olivenbäume und Wein und nur Wasser aus der Zisterne gibt …« Für mich klang das verlockend. Noch am selben Tag bestieg ich das Schiff und fuhr mit ihm in die finstere Nacht. Es war Ende Oktober und abends schon kühl. Um zweiundzwanzig Uhr kamen wir auf Olib an.

Die Umrisse der Insel waren nicht auszumachen, doch ich war informiert. Diese Insel, Edeltraud hatte mich vorgewarnt, ist grün und flach und eigentlich nicht so, wie man es sich im Idealfall vorstellt. Die Lichter des Ortes leuchteten spärlich, das Boot kam näher zur Küste, ich sah eine Mole, sie war von einem Scheinwerfer beleuchtet, und dahinter eine Bucht, in der ärmliche Boote lagen. Die Fähre legte an.

Von Station zu Station – sie war zuvor zwei andere kleine Inseln angefahren – waren wir weniger Passagiere geworden, jetzt waren wir nur noch vier: eine behäbige Frau in schwarzem Kleid, ein zerfurchter Alter, ein dicker Pfarrer und ich. Nicht mitgerechnet hatte ich die Besatzung, sieben in fesche Marineuniformen gekleidete Matrosen der Jadrolinija. Ein paar Pakete lagen noch im Gepäcksraum; auf dem Schiff, das die einzige öffentliche Verbindung zwischen den Inseln und dem Festland zu sein schien, wurde alles, aber wirklich alles, was der Inselbewohner braucht und nicht selber produzieren kann, transportiert. An der Mole standen ein paar Kinder, ein Mann mit Pudel und Fahrrad, ein älteres Paar mit einem Wägelchen, ein fescher Mensch mit einem kleinen Traktor plus Anhänger hintendran und eine massige Gestalt mit einem seltsamen Gefährt, einem Elektroauto, einem sogenannten Papamobil. Es stammt, wie ich am selben Abend erfuhr, wie vieles hier aus den USA. Die Fähre fuhr ihr Hecktor aus. Ich schulterte meinen Rucksack und ging an Land und setzte zum ersten Mal meinen Fuß auf die Insel Olib, im Volksmund »Little America« genannt. Eine finstere, von grüner Macchia überwucherte Insel, über die in einem bekannten deutschen Reiseführer stand: Touristen sind in Olib nicht willkommen.

Der Pfarrer wurde in das Papamobil gestopft, und ab ging die Fahrt – sogar ich wurde abgeholt. Vesna, eine fesche Frau mittleren Alters, begrüßte mich. Herzlich in gebrochenem Englisch. Die Maklerin hatte sie organisiert, erstens weil sie Englisch spricht und zweitens weil sie selber ein anderes, kleineres Haus verkaufen wollte, sollte ich mich nicht für das große vom Foto entscheiden. Sie begleitete mich am Ufer entlang, vorbei an den kleinen Fischerbooten, eine letzte herbstliche Jacht lag noch an der Mole vertäut. Ich machte die Silhouette von Gebäuden aus, ein paar unscheinbare neue und einige trutzige alte Gebäudefragmente tauchten auf. Am Ende der Mole stand an eine Wand genagelt ein großes Schild: Dobrodošli, Welcome, Willkommen in

Olib. Vor einem mit »Turist Office« beschrifteten, vom Zahn der Zeit angenagten Haus saßen zehn alte Männer auf einer Bank. Argwöhnisch beobachteten sie mich mit geneigten Köpfen, ihre Augen lagen tief unter ihren Seemannsmützen und Pullmankappen versteckt. In ihren wattierten dunkelblauen Anoraks und wetterfesten Hosen sahen sie wie Relikte aus der guten alten Zeit aus, in der die Insel noch Teil der blockfreien jugoslawischen Welt war. Olib, eine Insel im nördlichen Archipel von Zadar und doch am Ende der Welt, vor fünfhundert Jahren von Christen auf der Flucht vor den Türken besiedelt und urbar gemacht. Rund dreitausend Einwohner zählte der Ort noch vor hundert Jahren, heute leben nur noch hundertzwanzig Menschen da. Die Häuser der eingesessenen Sippschaften stehen noch alle, einige sind in einem bedauernswerten Zustand. Das war mein erster Eindruck, und: Hier hat sich nichts geändert, hier bleibt alles, wie es war. Ich atmete auf.

So gingen wir weiter zur einzigen Pension auf der Insel, dem Lokal »Amfora« angeschlossen, im Volksmund heißt es »Chèz Madame«. Eine vollschlanke, reife Französin wie aus dem Bilderbuch stand an der Schank. Sie trug eine Art Nachthemd und erinnerte mich an die Witwe des Kapitäns, an Alexis Sorbas' Geliebte im gleichnamigen Film. Ja, man habe ein Zimmer reserviert. Der Garçon wird es Ihnen zeigen. Und ob ich noch ein Gläschen Pernod trinken möchte? Aber ja. Essen gebe es auch noch, Beefsteak mit Pommes frites und Blattspinat, »des épinards«. Sie sagte, auf Französisch, n'est pas: »Sie haben Glück, dass Sie heute gekommen sind, denn übermorgen sperren wir zu.« Den Winter über hier offen zu halten, das lohne sich nicht, und eigentlich auch nicht im Sommer, aber schlicht aus Gewohnheit sei man noch hier geblieben. Dann ging sie zur Musicbox und legte eine Platte auf: »Parlez mois d'amour«, ein französisches Chanson. »Je m'appelle Mireille«, so stellte sie sich vor und verkürzte meinen unaussprechlichen deutschen Namen sofort auf ein kurzes »Fredi«. Madame roch nach einem längst aus der Mode gekommenen Parfum. Ein Gläschen Pernod, die Terrasse mit den unvermeidlichen stapelbaren weißen Plastikstühlen, mit denen ein unbekannter Designer die ganze Welt beglückt, und der Amphore – ich fühlte mich wohl und international. Aber ich war auch angespannt: Wie würde das Haus aussehen, wo würde es sein? Ich wollte es sofort besuchen, doch Vesna, meine nette, fesche Begleiterin, meinte, sie könne es mir nicht zeigen, sie wisse nicht, um welches Haus es sich handle, sie wolle nur am nächsten Morgen hier sein, um mich zu ihrem Haus zu führen.

Wir verabredeten einen Termin und blieben noch ein Weilchen sitzen, bis ein Mann auf einem Quad die schmale Straße, auf der keine Autos fahren sollten oder dürften, entlangkam. Wie vom Pferd stieg er von seinem vierrädrigen Motorrad, einem Quad, ab, oder besser: wie vom Esel. Ein großer Blonder, der mich sofort an die Filmfigur Crocodile Dundee erinnerte. Er stellte sich vor und machte auch gleich einen Witz: »Ich heiße Krešimir Cukar, bin süß wie Zucker, Zucchero auf Italienisch.« Wir redeten italienisch miteinander, eine Sprache, mit der man hier neben Englisch gut durchkommt, weswegen mein Kroatisch noch immer sehr dürftig ist. Er fasste sich kurz und bündig, was im Lande der dalmatinischen Dampfplauderer eine große Ausnahme ist. »Morgen um zehn bin ich da.« Danach stellte er die Hacken zusammen, grüßte angedeutet militärisch und verschwand.

Ich wagte noch einen nächtlichen Spaziergang, die Lichter waren noch an, die Menschen saßen vor dem Fernsehapparat, dessen Bildschirm durch die weißen Spitzenvorhänge flimmerte. Ist es dieses Haus? Oder jenes? Irgendwie sahen alle Häuser gleich aus, schlichte einstöckige Bauten mit einem Satteldach. Punkt. Hie und da gab es ein paar Zubauten und Terrassen im barocken andalusischen Stil, woran man, wie ich bald erfahren sollte, den wohlhabenden Mann erkennt. Dann bezog ich mein einfaches Zimmer bei Chèz Madame und ging schlafen.

Mir träumte viel, und ich schlief unruhig. Mir träumte von meinen Versuchen, ein Häuschen am Meer zu ergattern. Das erste wurde mir in Sveti Anton angeboten, einem wunderhübschen Ort im Kvarner, oberhalb von Mošenicka Draga, wohin kroatische und österreichische Touristen gern essen gehen. Der heilige Antonius ist mein Lieblingsheiliger, und er hatte mir schon oft in der Vergangenheit geholfen, Gewünschtes zu finden. Wiener Freunde hatten hier bereits ein Haus, das des Nachbarn wurde angeboten, aber es gefiel mir nicht, es war muffig und bot Aussicht links auf die Skyline von Rijeka und rechts auf den einzigen Betonbau im Dorf, der die Sicht auf das Meer versperrte. Auf der Straße hinauf nach Sveti Anton, am Abhang des höchsten istrischen Berges, des Učka, wurde mir schwindlig. Wie sollte ich hier, mit meinem Auto und nach einem opulenten Essen, begleitet vom vielgepriesenen istrischen Weißwein bei »Benita«, meines Lebens sicher sein? Nachts, in Madames Bett, fuhr ich die schmale Straße noch einmal hinauf oder hinunter, »nein«, rief ich, »nein«, wachte auf und schlief wieder ein, hinein in den nächsten Versuch, als ich mich schon weiter südlich vorwagte, auf die Insel Krk. Was waren das nur für laute und finstere, stickige Bleiben mitten in der Stadt, die mir angeboten wurden! Und dann der Leuchtturm in Punat! Ja, auch der stand zum Verkauf. Ein Kroate aus Frankfurt, offenbar in Geldnot, veräußerte das Objekt um hundertvierzigtausend Mark, ein Gemäuer mit Lichtsignal, in der Nähe des FKK-Strands. Zwar war die Lage des aus der k. u. k. Zeit stammenden Baurestes sensationell und vom Meer aus wirkte das Grundstück auch attraktiv, doch als ich mich auf dem Landweg, einem Fußweg, der sich die Küste entlang in den Stein gräbt, dem Verkaufsobjekt näherte, sah das Ganze schon anders aus. Unter den Feigenbäumen im verwilderten Leuchtturmwärtergarten erwartete mich eine Schar sonnenverbrannter, fröhlicher Nackter mit Bierbauch. Es war ein überraschender, doch auch lustiger Anblick, und ich lachte darüber sogar im Schlaf. Ein Kanadier kroatischer Abstammung kaufte wenig später den Leuchtturm und das angrenzende Grundstück als Spekulationsobjekt. Ich vergönnte ihm den Deal von Herzen, denn was ich wollte, das war keine Ruine zum Spekulieren, sondern ein Haus zum Wohnen, wenn möglich direkt am Meer. Mit diesem Wunsch im Unterbewussten wickelte ich mich fester in Madames Bettwäsche ein, drehte mich auf die Seite und durchträumte mein letztes Traumobjekt: ein winziges altes Knusperhäuschen aus Stein in Stara Baška, dem ältesten Ort auf Krk. Um diesen Verlust tat es mir immer noch leid.

Schon die Fahrt nach Stara Baška war eine Traumreise gewesen. Die Insel Krk bricht im Süden, kurz bevor man auf einer atemberaubenden Küstenstraße zu einer Badebucht hinunterfährt, zweihundert Meter steil ab. Man lässt einen Campingplatz, der den Großteil dieser Bucht in Anspruch nimmt, rechts liegen und fährt links nach Stara Baška, das man, wenn einem auf der schmalen Straße kein Fahrzeug entgegenkommt, tatsächlich erreicht. Stara Baška, das alte Baška, ist ein Fischerdorf, in dem niemand mehr seinen Lebensunterhalt mit dem Fischen verdient. Es ist an den Hang gebaut, oben befinden sich die Schule, in die keiner mehr geht, und die Kirche mit dem Friedhof, er wird häufig besucht; darunter das Dorf mit seinen dicht aneinandergedrängten Natursteinhäuschen, die zum Großteil renoviert sind. Ich parkte vor dem einzigen Laden der Ortschaft, der zweimal in der Woche offen hat. Ich fragte nach einem Zimmer, es war September, ich schrieb an einem Buch und brauchte einen ruhigen Platz. Der Kaufmann empfahl mir einen Vermieter, seinen Cousin, die Wohnung befand sich in einem – ohne Rücksicht auf Ästhetik – an ein altes Haus angebauten Betonklotz, sie war klein und ungemütlich, auf der Terrasse ragten rostige Betoneisen aus dem Boden. Der Zubau war irgendeinmal begonnen und nie fertiggestellt worden, dieser Zustand ist an den Ufern des Balkans allgemein üblich. Aber der Ausblick war herrlich und der Weg hinunter zur Kiesbucht, zu der man über viele Stufen gelangt, malerisch. Zwischen den Steinstufen schauten vertrocknete Grasbüschel heraus, auf den Mauerresten wuchs die grüne Hauswurz, an einigen Stellen breiteten sich purpurfarbene Mittagsblumen über den Mauerrand aus, Agaven klammerten sich an die Felsen, an den abschüssigen Hängen blühte der Natternkopf, aus Ritzen lugte das gelbe Löwenmaul. Jeder Ab- und jeder Aufstieg wurde vom würzigen Duft der Kräuter begleitet.

Am Strand kam ich mit einer älteren Dame ins Gespräch. Wir waren die Einzigen, die zu dieser milden Jahreszeit noch im glasklaren Wasser schwammen. Die Dame war modebewusst und sehr gepflegt, bis zur perlmuttrosa lackierten kleinen Zehe; man merkte, dass sie ihre Kleidung und die Accessoires mit Sorgfalt aussuchte. Ja, sie verwende sehr viel Zeit darauf, nach günstiger und passender Bekleidung Ausschau zu halten, und sie nähe auch selbst, erzählte sie. Sie war Anfang sechzig, eine typische kroatische Akademikerin in Pension, mit viel Bildung und Geschmack und mit sehr wenig Geld. Sie besaß ein kleines Haus im Ort. Nach ein paar verplauderten Stunden am Strand lud sie mich in ihren Garten ein.

Der war zauberhaft. Er war gleich neben den Stufen, die ich täglich mehrmals hinauf- und hinabstieg, in kleinen Terrassen angelegt. Wir nahmen unter einer Weinlaube Platz, diese spendete der obersten Ebene des Gartens Schatten, die länglichen Trauben waren gelb und reif. Sie bot mir keine zu essen an, und ich wagte auch nicht, mir eine Rispe zu nehmen; ich wusste, die Dame war streng und sparsam und hatte mich schon einmal, bei einem Spaziergang, gerügt, als ich mir so mir nichts, dir nichts von einem Strauch eine Feige nahm, weil sich das nicht gehöre.

Der Tisch war eine große naturbelassene Platte aus dem Steinbruch von Benkovac, die auf zwei Steinquadern lag. Neben der Laube befand sich ein Häuschen aus Stein, aber verputzt, in dem eine Küche, ein Bad und eine Toilette untergebracht waren; alles hatte hier einen genau definierten Platz, und alle Tätigkeiten fanden auf kleinstem Raum statt, vom Kochen bis zum Duschen. So zart und blond, wie sie war, kam mir die Dame vor wie Schneewittchen, und »Snježana«, Schneeweißchen oder Schneewittchen, so hieß sie nun auch mit ihrem Vornamen. Er ist wie so viele weibliche Vornamen im südslawischen Sprachraum dem Leben in der wilden Natur entnommen, und er klingt märchenhaft. Ober dem Gartenhäuschen am Rand der Laube befand sich ein asphaltierter Weg und dahinter das Wohnhaus, als erstes in einer Reihe von vieren, die ähnlich angelegt sind. Es hatte eine Stiege, die von außen in den ersten Stock führte, und drei Etagen übereinander mit einer gesamten Wohnfläche von nur vierzig Quadratmeter. Die Wohnräume waren winzig, aber sympathisch, mit Einfühlungsvermögen, Sorgfalt und einem minimalen Budget renoviert. Ich machte der Besitzerin aus ganzem Herzen ein Kompliment.

Snježana lebte ganz allein, und sie sprach neben Kroatisch nur noch Italienisch. Das wollte sie verbessern, und da ich gut Italienisch spreche, vereinbarten wir, dass ich ihr Italienisch beibringe und sie mir dafür ihren Lebensstil. Denn der begann mich immer mehr zu interessieren, schrieb ich doch an meinem Buch »Vom Luxus des Einfachen« und hatte hier jemanden getroffen, der es verstand, mit zweihundertfünfzig Euro im Monat ein Auto zu fahren, sich elegant zu kleiden und gepflegt auszusehen, wohlschmeckend und gesund zu kochen und komfortabel zu wohnen – mit einem Wort: gut zu leben.

An diesem ersten Nachmittag gab es gebackene Feigen zum türkischen Kaffee. Dazu verwendete sie die getrockneten Feigen vom Vorjahr, tauchte sie in einen Teig und backte sie in heißem Öl heraus, vor dem Auftragen bestreute sie die knusprigen Kugeln mit Staubzucker. Danach tranken wir ein Gläschen Prošek. Der Feigenbaum, von dem die Früchte stammten, überdachte den gesamten unteren Teil des Gartens; schon mehrmals hatte sie die zu dick gewordenen Äste entfernt, damit er ausreichend zum Tragen kam. Im Sommer schützte er den Bereich der Salat- und Gemüsebeete vor den heißen Sonnenstrahlen, im Spätherbst verlor er dann die Blätter, so ließ er den ganzen Winter und das Frühjahr die wärmenden Strahlen durch, Radieschen, Frühzwiebeln, Petersilie und Pflücksalat konnte man hier schon im März ernten. Seit Jahren, seit ihr Mann tot ist, sei sie allein, auch die Freunde seien schon gestorben, seufzte sie, und: »Ach, was war das früher doch für ein herrliches Leben!« Nicht, dass man sich überarbeitet hätte, und nichts ging ihnen ab. Sie waren beide Ärzte am Krankenhaus in Rijeka, auf der Alkoholiker-Entwöhnungsstation, sie hatten lange Ferien und jedes Wochenende frei. Da kamen sie dann her und bauten mit ihren eigenen Händen das alte Steinhäuschen aus, auch die Terrassen für den Garten legten sie selber an. Die Baumaterialien brachten sie auf einem Esel mit. Sie waren Zugereiste und hatten mit der örtlichen Bevölkerung wenig Kontakt, »Gott sei Dank«. Snježana, die ein gebildeter, urbaner Mensch war, ließ immer wieder durchblicken, wie wenig sie vom »primitiven Volk« hielt. Ihre Freunde, die meisten waren Ärzte, besuchten sie, man saß, aß, trank Wein und spielte Gitarre, die siebziger Jahre waren auch in Jugoslawien eine sehr schöne Zeit gewesen. »Schade darum«, sagte sie und zündete sich die x-te Zigarette des Tages an, keine Angst, damals rauchte sie noch mehr, man hatte viel Zeit und diskutierte den lieben langen Tag, da ergab sich das Rauchen von selber. Von Snježana lernte ich einiges über die Vergangenheit und noch mehr: Ich lernte sparen, oder zumindest wie man sparen könnte, müsste oder wollte man. Mit dem Wasser, das sie in einer Zisterne sammelte, ging sie sehr sparsam um; darum befanden sich unter der Dusche im Freien zwei Kübel: einer fürs Klo, wenn man sich abseift, der das Seifenwasser auffängt, und einer für den Garten, wenn man beim Duschen kein Shampoo benutzt. Das restliche Abwasser floss einfach in die Tiefe hinunter, sickerte Etage für Etage durch den porösen Karst. »Wenn es unten ankommt«, erklärte mir Snježana zuversichtlich, »ist es gefiltert und rein.« Was sogar stimmen kann, das Badezimmer steht auf einer Klippe hundert Meter über dem Meer.

Die mit Steinen gepflasterten Wege im Garten waren aus Reststeinen von irgendwelchen Bauten im Patchwork zusammengesetzt und sahen sehr kreativ aus. Die Stiegengeländer im Haus stammten aus dem Restbestand einer Einrichtungsfabrik. Wer erfolgreich sparen will, braucht eben nur Erfindergeist und Zeit.

Am Morgen wanderten wir den Strand entlang und kratzten mit einem spitzen Messer winzige, kegelförmige, gerippte Schneckengehäuse von den Steinen. Hatten wir einen Sack dieser Meeresfrüchte beisammen, dann kochte Snježana daraus mit Petersilie, Tomaten, Olivenöl und Zwiebeln einen Saft, »sugo«, es wird in Kroatien wie »schugo« ausgesprochen. Es schmeckte fantastisch zu Nudeln oder zu Reis. Wir schmausten »Spaghetti Vongole« oder »Muschelrisotto« aus Eigenproduktion, tranken dazu »Îlahtina«, den Krker Weißwein, schauten unterm Blätterdach auf die Bucht von Stara Baška hinaus und planten ein Überlebenskochbuch. Beim Spaziergang sammelten wir Dosen und Gläser, sie konnte sich maßlos über die »balkanische Wegwerf-Unkultur« aufregen; den Wasserflaschen aus Plastik schnitt sie die Hälse ab, und für alle Behälter fand sie Verwendung. Den Müll nahm sie in Plastiksäcken nach Rijeka mit. Wir wanderten landeinwärts und fanden Parasole. Die Steinpilze, die es weiter oben im aufgeforsteten Tal von Baška gab, fädelte sie zum Trocknen auf, und im Frühjahr brachen wir unzählige grüne Spargel vom dornigen Strauch. Bei Snježana lernte ich den köstlichen grünen Spargel, einen wichtigen Bestandteil von Kroatiens Küstenküche, zum ersten Mal kennen.

Ich war nämlich, mein Herbstaufenthalt war längst zu Ende gegangen, schon im folgenden März wieder nach Stara Baška gekommen. In dieser Zeit sprach sie zum ersten Mal davon, ihr Haus zu verkaufen. Sie hatte, wie so viele hier, Arthritis und bildete sich ein, es würde ihren Gelenken im Süden, in Split, bessergehen. Dort wohnte ein alter Onkel, den wollte sie beerben, und möglicherweise sei es bald so weit. Auch ihre Wohnung in Rijeka wollte sie verkaufen, ein hübsches Appartement mit Panoramablick im neunten Stock eines Hochhauses ohne Lift. Wenn ich seither auf der Autobahn durch Rijeka fahre und die Hochhäuser sehe, denke ich immer daran, dass in vielen von ihnen kein Lift ist.

Ob ich ihr Haus in Krk kaufen wolle, wenn es spruchreif sei? Ich sagte nicht nein.

Bis sich der Onkel aus seinem Appartement in Split verabschiedete, verging noch ein Sommer, in dem ich ihr Gast war. Ich revanchierte mich mit dem, was sie sehr schätzte: mit Kaffee, Kochschokolade, Biokosmetik oder Vollwertprodukten aus dem Reformhaus in Österreich. Manchmal lud ich sie nach Vrbnik zu »Nada« ein, dem besten Restaurant auf Krk. Ich ging meist leger gekleidet hin, doch sie machte sich hübsch und fein. Ich wollte sie auch gerne an einen Freund, der eine Jacht in der Marina von Punat stehen hat, verkuppeln, doch er biss nicht an. Vielleicht wusste er, ein Österreicher mit kroatischen Wurzeln, früher als ich, dass sie eine harte Nuss war. Ich bemerkte es erst, als ich versuchte, mit den Dorfbewohnern in Kontakt zu kommen, was mir sehr schwer gelang. Denn jedes Mal, wenn die Leute im Gespräch etwas auftauten, funkte sie scharf dazwischen, und bald kapierte auch ich: Snježana hasste die armen, die ungebildeten Leute.

Die meisten von ihnen waren weder Fisch noch Fleisch, weder Kroaten noch Ausländer, sondern Auswanderer und Heimkehrer in Personalunion. Sie waren in den fünfziger Jahren nach Australien ausgewandert. Dort hatten sie sich als Fabriks- oder Minenarbeiter ein bescheidenes Vermögen, ein Häuschen und eine Rente erschuftet, immer mit dem Wunsch vor Augen, im Herbst des Lebens in die alte Heimat zurückzugehen, was auch vielen gelang. Ihre Rente war mindestens zehnmal höher als die von Snježana, ihr Bildungsniveau zehnmal tiefer. Sie können es sich leisten, den europäischen Winter im sonnigen Australien und den Sommer auf Krk zu verbringen, und das tat Snježana weh. Sie wollte doch immer so gerne reisen und konnte es nie finanzieren.

Äußerlich wirken diese wohlbestallten Rentner wie arme Fischer. Denn kaum in der alten Heimat angekommen, tauschen sie ihre australischen Kleider und Gewohnheiten gegen die alten jugoslawischen. Wie einst, bevor sie auswanderten, sitzen sie in dunkler Kleidung, mit ihren kroatischen Tüchern aus Blaudruck und ihren Kommunistenmützen auf dem Kopf, wieder mit dem Strickzeug vor dem Haus oder dösen im Schatten der Hausmauer vor sich hin. Nie sah ich sie unten am Strand oder gar im Badeanzug, auch niemals ärmellos oder mit Kurzarm. Und wenn ich einen Blick in ihre Küchen warf, sah ich, was in Australien sicher schon museumsreif ist: einen Sparherd und eine Kredenz, einen Holztisch mit einem gemusterten Wachstuch, eine emaillierte Abwasch und eine durchgelegene Couch. In einer Bleibe war über einem Tischchen mit Spitzendecke eine Art Altar aufgebaut, mit gerahmten Fotos der Familie, Heiligenbildchen und einem verblichenen Foto von Tito.

Snježanas liebenswertem Feriendomizil fehlte die passende Nachbarschaft. Wenn die Nachbarn ein Lamm oder Fische grillten und der Rauch zu uns herüberzog, bekam sie einen Wutanfall. Und wollte ein Kind etwas für die Mama borgen, wurde es von ihr verscheucht. Blieb das Kind aber beharrlich, so gab sie nach. »Primitives Volk«, brummte sie dann. Diesen Ausspruch habe ich im Laufe der Jahre in Kroatien sehr oft gehört. Es ist, als wollten sich die »Zivilisierten« ständig für ihre weniger kultivierten Mitbürger entschuldigen – einerseits für die Auswanderer und andererseits für die Zuwanderer aus dem Inneren des Balkan. Ich sollte auch bald lernen, dass der Begriff »Balkan« negativ besetzt ist und dass man ihn in Kroatien besser nicht in den Mund nimmt, spricht man mit Kroaten. Und dass es gar nichts nützt, wenn man zu erklären beginnt, dass der Balkan ein Gebirge ist, aus dem wir alle, auch die Kärntner und vor allem die Tiroler, stammen.

Wie dem auch sei, im Laufe des Sommers hatte es sich herumgesprochen, dass Snježana ihr Häuschen verkauft. Und bald schon tanzten Interessenten an, von Woche zu Woche setzte sie deshalb den Preis immer höher hinauf, bis er für mich an die Schmerzgrenze stieß. Schließlich erreichte sie einen Traumpreis von zweihunderttausend D-Mark für ein pflegeintensives Gartenparadies und vierzig bewohnbare Quadratmeter. Ein ungarischer Zahnarzt aus Sopron ist nun der glückliche Hausbesitzer. Unsere Wege sind danach auseinandergegangen, und ich gab meine Pläne auf, ein Häuschen am Meer zu ergattern, ohne mich damit in den finanziellen Ruin zu stürzen. Krk – das war gelaufen: zu teuer, zu voll, zu gierig, zu laut.

Zwei Jahre später fiel ich zweihundert Kilometer südlich gegen drei Uhr morgens in einen tiefen Schlaf. Er fiel kurz aus. Um halb fünf wurde ich aus dem Bett gerüttelt. Der Katamaran, der die Linie Zadar–Premuda–Silba–Olib fährt, liegt nämlich über Nacht im Hafen von Olib. Ab vier Uhr dreißig beginnt er die Motoren anzuwärmen. Abfahrt ist dann pünktlich um fünf Uhr zwanzig, täglich, bis auf Sonntag. Das mag sich sogar in Olib ändern. Denn im Laufe der Zeit bekamen die anderen Inseln, allen voran Silba und Ist, auch am Sonntagmorgen eine Verbindung zum Festland. Olib nicht, weil der Sonntag auf dieser Insel immer noch heilig und arbeitsfrei ist.

Die Bewohner Olibs haben sonst alle Zeit der Welt für sich, doch wollen sie mit dem Frühschiff nach Zadar, müssen sie auf die Minute pünktlich sein. Das ist hart! Ich sollte diese Härte noch oft zu spüren bekommen.

Auch der Gestank der Motoren drang durch die finstere Nacht bis in mein Zimmer. Vielleicht liegen auch deshalb im Hafen so wenig Jachten, kam mir in den Sinn, da man neben so einer frühaktiven Maschine schwer Urlaub machen kann. Da hast du eine schicke Jacht und musst mit ihr in einem lauten und stinkenden Hafen übernachten! Nein, danke. Ich wusste schon, warum ich ein Haus wollte und das Boot erst viel später, vielleicht, danach. Ab halb fünf also ratterte und knallte es, so lange braucht anscheinend das Wunder der ausrangierten schwedischen Luftkissentechnik, bis es warm wird. Auch russische Fossilien kreuzen noch für die Jadrolinija. Jedem, der vorhat, im Oliber Hafen zu übernachten, empfehle ich seither Oropax.

Als das Boot vierzig Minuten nach dem Start entschwand und das Rattern nicht mehr zu hören war, sank ich noch einmal in Morpheus' Arme, weil es ja noch stockfinster war. Als ich um acht Uhr aufwachte, sah die Welt aber gleich anders aus. Herbstlich schien die Sonne, die Luft war mild, und überall rundum blühte es noch: die unverwüstlichen Malven, wilde Astern, Hundsrosen, Euphorbien, Thymian, Currykraut. Ja man kann hier bis Ende November sogar noch baden und die Sonne genießen, dieses wunderbare dalmatinische Licht, das die kühleren Monate in klares Gelb, in Rosa, Türkis und in Lila taucht.

Steine, Holz und Gottvertrauen

Ich frühstückte unter Mireilles Bougainvillea, sie war schon zum Großteil verblüht, es gab frisches, warmes Weißbrot, Butter, Honig und einen großen Häfen »Café au lait«. Ich wartete auf den großen Blonden. Er holte mich mit dem Quad ab. Jetzt konnte ich ihn genauer betrachten. Er war vielleicht vierzig oder auch fünfzig Jahre alt, hatte im Nacken viele kleine Krater einer verheilten Akne und im Gesicht noch mehr sympathische Falten. Seine Zähne waren Natur, weiß und gepflegt, das ist auf der Insel, aber auch im Rest von Dalmatien eine auffallende Seltenheit. Er roch frisch, nach Hirsch-Zitronella, trug ein kariertes Holzfällerhemd und eine Latzhose aus Jeansstoff und erschien mir wie ein aus einem amerikanischen Katalog gekleideter Farmer.

Was auch irgendwie passte: Sein reicher Onkel in Amerika hatte ihm den Quad geschenkt. Über eine schmale betonierte Straße fuhren wir flott bis zu einem kleinen Pinienwald, danach rumpelten wir entlang von vier gepflegten Häusern einen Feldweg hinauf. Und dann stand es vor mir: mein Haus in seiner schlichten Größe und seinen perfekten Proportionen. Es ist das schönste aller Häuser, die man sich vorstellen kann. Ein Natursteinhaus, gebaut für die Ewigkeit; alle Details, wie die Laibungen der Fenster oder der Mauerkranz, auf dem die Dachrinne lag, waren aus behauenem Sandstein. Das Haus war acht Meter breit, zwölf Meter lang, einstöckig, stellenweise bröckelte der Verputz ab. Die Fensterläden waren schadhaft, das rote Ziegeldach schien in Ordnung. Und dann traten wir ein, durch eine graugrün gestrichene Holztür, über der die Jahreszahl der Errichtung des Hauses stand: 1928.

Dieses Haus war auf dem Reißbrett entworfen worden, das sah man sofort. Der Mittelgang war drei Meter breit, die Zimmer vier mal vier Meter im Quadrat, auf einer Mittelstiege aus Holz kam man in den ersten Stock und von dort ins Dachgeschoß. Nur im Parterre waren die Böden mit Terrazzofliesen ausgelegt worden, der Rest der Böden war aus Holz. Schiffböden, richtige fugenlose Schiffböden aus Eiche, aber auch aus Kiefer, sind auf Balken genagelt worden, dieses Haus schwingt und ist hellhörig, wie ein Instrument. Die Böden waren unbehandelt, die Balken auch, das ganze Haus roch nicht, war weder stickig noch staubig, hie und da bröckelte auch innen der Verputz ab. »Ich lüfte«, sagte der Blonde, »ein paar Mal im Jahr – und das seit zwanzig Jahren.« So lange schon wohnte niemand mehr im Haus. In den vier Schlafzimmern links und rechts des acht Meter langen Ganges standen einige Möbel aus den zwanziger Jahren herum, ein paar Wiener Kaffeehausstühle mit Geflecht, weiß lackierte Eisenbetten mit Drahteinsätzen und in jedem Zimmer eine alte Seemannstruhe, ein paar Heiligenbilder hingen an den Wänden. Und wie prächtig der Speicher war! Über seinen Querbalken hingen weiße, aus grober

Schafwolle gewebte Decken. »Die sind so alt wie das Haus«, meinte der Blonde. Sie dufteten nach Schaf und hatten kein einziges Mottenloch. Es hingen auch mehrere bunt bestickte und reich plissierte Kleider über den Balken, die habe ich dem Volkskundemuseum geschenkt. Die Kisten und Truhen auf dem Speicher habe ich behalten. In einer lag ein Büchlein einer christlichen Bruderschaft, in einer anderen ein Rosenkranz und ein paar Seidenschleifen, auch ein altes, koloriertes Familienfoto. Ich hängte es später in meinem Arbeitsraum an die Wand und behaupte seither, es sei das Bild der ehemaligen Besitzer. Im ganzen Haus gab es keine Kästen, offenbar hatte man seine Habseligkeiten früher nur in transportierbaren Kisten und Truhen aufbewahrt. Beim dalmatinischen Völkchen waren einst wohl nur die Frauen sesshaft, die auf ihre Seefahrer warteten. Ein Anhäufen von Gütern lohnte auch nicht, von den alten Illyrern bis zu den Partisanen gab es zwischen Rijeka und Dubrovnik außer Händlern, Fischern und Soldaten nur noch Hirten, Helden und vor allem Piraten.

Badezimmer sah ich keines, auch kein Klo. Früher, erklärte Crocodile Dundee, da ging man einfach aus dem Haus. Er trat vor die Haustür und machte mit der Hand eine großzügige Bewegung in Richtung Natur. Und von der gab es reichlich. Außerhalb des von einer Trockenmauer umgebenen Grundstücks war Wald, dichte silbrig grüne Macchia, und innerhalb wilder, Stroh gewordener Fenchel. Nur der kleine Stall für den Esel, der stand noch neben dem Haus. »Sie könnten«, erklärte Krešimir, »wieder einen Esel haben – iah.« So eine Verrückte, dachte er wohl, als er mich überlegen sah. Ich überlegte aber nicht lang. Schon als ich dieses Haus gesehen hatte, als ich in dieses Haus eingetreten war, wusste ich: Das ist das Haus, nach dem ich ein Leben lang gesucht habe. Ein lichtdurchflutetes, festes Haus aus Holz und aus Stein, auf einer wilden Insel mitten in der guten alten Adria. Ich fühlte mich sofort daheim.

Nur die Küche war benützt worden, es lag noch ein gehäkeltes Deckchen auf der hellgrün gestrichenen Kredenz und ein gemustertes

Wachstuch auf dem Tisch. Und nur in der Küche muffelte es ein wenig. Der eilige Belüfter, denn Krešimir war eilig, das war mir in diesem Land der Langsamen sofort aufgefallen, zeigte mir nun das Einzige, was ein Mensch auf einer Insel wirklich zum Leben braucht: die Zisterne. Ihr Deckel war von der Küche aus zu öffnen, ein Kübel mit einem dicken Hanfstrick stand darauf; er hob den Deckel, damit ich hinunter auf den Wasserspiegel schauen konnte. Dann ließ er den Kübel an dem Strick hinunter und zog klares Wasser herauf. »Das ist so sauber«, sagte er, »das können Sie auch trinken«, und er nahm einen Schluck zur Demonstration.

Er erklärte mir, wie eine solche Zisterne funktioniert. Er zeigte auf das Dach: »Da sind die Regenrinnen, in denen der Regen gesammelt wird«, dann zeigte er auf den unterirdischen Behälter, der bis unter die Küche reicht: »Dort rinnt das Wasser hinein«, und auf eine alte Pumpe im Vorzimmer, die mit Höllenlärm pumpt, sobald man den Hahn aufdreht. »Die Pumpe müssen Sie erneuern«, meinte er. Das habe ich auch getan, und es war nicht das Einzige, das ich beim Umbau anschaffen oder erneuern musste.

In meinem Haus fasst die Zisterne vierzig Kubikmeter; damit kommt man gut über die Runden, wenn es im Jahr genügend Regen gibt. Stundenlang duschen, wie aus Wien gewohnt, ist aber nicht drin. Wassersparen ist angesagt! Meinen Garten bewässere ich nicht aus der Zisterne, sondern verwende dafür einen Brunnen. Trinkwasser kaufe ich im Geschäft, obwohl die Einheimischen auch das Zisternenwasser trinken. Wird die Zisterne nämlich alle zwei bis drei Jahre entleert und gereinigt und läuft das Wasser über einen Filter aus Steinen, ist es sauber und trinkbar, solange kein verdreckter, saurer Regen oder gar ein aus Tschernobyl mit Cäsium angereicherter in die Zisterne fällt.

Es war also alles im Haus, auch elektrisches Licht. Der Klub der emigrierten Olibianer hatte in den fünfziger Jahren von Amerika aus ein Dieselaggregat für das Dorf finanziert, es ist in den Neunzigern durch eine Leitung, die von Mali Lošinj aus unter dem Meer zu den bewohnten kleineren Inseln führt, ersetzt worden. Seither gibt es ganztags Strom, früher erzeugte man ihn nur zu bestimmten Tageszeiten. Im Parterre befand sich eine Konoba – ein Steinkeller, wie er hier üblich ist, ein kühler Raum, der über die halbe Breite und die gesamte Länge des Hauses ging und durch eine kleine Tür von der Küche aus zugänglich war. Unterirdische Keller findet man in den steinigen Gegenden Dalmatiens selten. Es machte in früheren Zeiten ohnehin genug Mühe, aus dem steinigen Boden die Grube für eine Zisterne zu hauen, die nichts anderes als ein »Wasserkeller« ist. Deshalb bewahrte man die Lebensmittel oberirdisch auf, kultivierte die Vorratswirtschaft aber nicht so sehr wie im Norden, sondern begnügte sich mit dem Trocknen von Fisch, Fleisch und Gemüse an der Luft.

Ursprünglich musste der Boden der Konoba wohl aus Erde und Stein gewesen sein; als ich ihn sah, war er aber schon betoniert. Beeindruckend war die Decke des elf mal vier Meter großen Raumes, sie besteht aus von Hand behauenen Balken einer Kiefer. Sie dürfte wohl aus dem Velebit stammen oder aus dem Hinterland von Senj; dieser Hafen war durch all die Jahrhunderte, seit der Römerzeit schon, ein Holzausfuhrhafen gewesen und einer der wichtigsten Holzumschlagplätze in der Habsburgermonarchie. Er ist nur hundert Seemeilen von Olib entfernt. Das Holz könnte aber auch aus anderen Häfen, in deren weitem Umkreis heute kein einziger Baum mehr steht, gekommen sein, etwa aus Obrovac. Zwischen diesem Hafen, der heute ein unbedeutender Ort am Ufer der dunkelgrünen, schiffbaren Zrmanja ist, die in eine Meerenge nordöstlich von Zadar mündet, und den Inseln Ist, Silba und Olib bestand einst ein reger Handelsschiffsverkehr, besonders für Baumaterialien, vorwiegend Holz. Dieses wurde im Hochland der Lika, am Velebit oder in den unendlichen Wäldern Bosniens geschlagen und über die Flüsse und Flüsschen, aber auch mit Esel- und Maultierkarawanen an die Küste transportiert und landete auf einem dieser Wege wohl auch in meinem Haus auf der Insel.

Ich habe diese prächtige Balkendecke nicht mit dunklem dickem Firnis zugeklebt, wie es hier üblich ist, um einen »rustikalen« Eindruck zu erwecken, sondern sie so, wie sie war, belassen und nur mit Bienenwachs imprägniert. Die kleine Tür zur Küche habe ich aber ausgebrochen und die Wand in einem weiten Bogen geöffnet. Diese offene Verbindung hat aus der Konoba und der Küche einen großzügigen und doch urgemütlichen rustikal-mediterranen Raum gemacht.

Was in der Konoba herumstand oder von der Decke hing, benütze ich noch heute: Dazu gehören eiserne Haken und Ketten, aber auch eine Kamenica, das ist ein aus einem Stück Marmor gehauener Behälter für das Olivenöl; oder ein hängender »Kühlschrank«, eine Art Käfig aus einem Holzrahmen und Holzboden, mit einem feinen Drahtgitter an den Wänden, der an einer Kette von der Balkendecke hängt. Ich hänge ihn in die Sonne, weil ich ihn zum Trocknen von Marillen, Zwetschken und Feigen in der Sonne benütze. Früher einmal war er ein fliegen- und insektenfreier luftiger Ort zur Aufbewahrung von Käse und Schinken. Krešimir benützt ihn heute noch, wenn er Topfen macht.

Durch ein breiteres Tor konnte man früher einmal in die Konoba mit einem Wagen fahren, vor den ein Esel oder ein Maultier gespannt war. Es schien aber, als habe man die Konoba wenig genutzt. »Ja«, sagte der große Blonde, »Herr Telesmanić hat das Haus von Amerika aus für seine Familie bauen lassen.« Aber als das Haus fertig war, sind ihm die Frau und die Kinder in die Vereinigten Staaten gefolgt. Er hat dieses Haus nie bewohnt. Nur seine zwei unverheirateten Schwestern lebten hier, bis vor zwanzig Jahren – sie wurden über neunzig Jahre alt und waren nie krank. »Dieses Haus«, sagte er und klopfte auf die Mauern, »dieses Haus ist durch und durch gesund.« – »Ja«, sagte ich, »ich werde dieses Haus kaufen.« – »Fein«, meinte er, »dann können wir ja wieder gehen. Ich muss zu meinen Schafen.« Und er brachte mich zurück zu Madame in die Pension.

Dort wartete schon Vesna, die fesche Schwarzhaarige, auf mich, mit ihrem feschen schwarzhaarigen Mann. Ich hatte die beiden glatt vergessen. Sollte ich es ihnen sagen, dass ich dieses gerade besichtigte Haus kaufen werde? Lieber nicht, dachte ich, denn wer weiß, nach so viel fehlgeschlagenen Kaufversuchen in den Jahren zuvor hat ja wohl auch dieses Haus einen Haken. Also schauen wir uns ruhig die anderen Angebote an. Wer weiß, was es auf dieser Insel noch an Schätzen gibt.

Vesna zeigte mir eine kleine, aber reizende Wohnung mit Holzböden, dicken Mauern, kleinen Fensterchen und schönen Torbögen, sie zeigte mir eine Zisterne in schadhaftem Zustand, die allen anderen auch gehört, sie zeigte mir ein, zwei Schuppen auf der anderen Seite vom Weiler-Platz. Rundherum spannte sich ein Gewirr von Wäscheleinen, und wer, bitte, wird die Zisterne reparieren, wer das Dach und wo darf man die Wäscheleine spannen, ohne dass es den Nachbarn stört? Und wo, bitte, könnte man sich hier im Bikini sogar in einen Liegestuhl legen? In diesem verwirrenden Eigentumskonglomerat von halben und ganzen Ruinen, das mir Vesna zeigte, bekam ich das erste Mal eine Ahnung von den komplizierten kroatischen Grundbuchverhältnissen. Sie basieren auf einem Erbrecht, das die Teilung bis in mikroskopische Einheiten ermöglicht, auf mangelhafter Grundbuchführung, Sippenmentalität, Tauschwirtschaft und Kleinkrämerei. Dieses Grundbuch braucht dringend eine Bereinigung, will die kroatische Öffentlichkeit reizvolle historische Bausubstanz erhalten und die Korruption bekämpfen, die mit Grundstückskäufen und Umwidmungen von Grünland eng verbunden ist.

»Das kroatische Grundbuch ist ein Märchenbuch«, meinte bei einem Vortrag in Zagreb unlängst der österreichische Handelsdelegierte

Peter Hasslacher, und der Mann weiß, wovon er spricht. Die Wirtschaftskammer rät, vor einem Kauf das Grundbuch genauestens zu überprüfen, da der im Grundbuch Eingetragene manchmal nur der Nutzer ist und nach dem Kauf plötzlich der Eigentümer auftaucht. Ja, es soll sogar gefälschte Grundbücher geben, heißt es. Lauter Dinge sind dies, die leider nicht für den Kauf eines alten Objektes sprechen. Dazu braucht man unbedingt einen empfohlenen Rechtsanwalt vor Ort.

Nach Vesnas Führung durch den Weiler sagte ich eindeutig Nein, das machte ihr aber gar nichts aus. Sie schien so froh, dass ich einfach da war, eine Genossin fast, mit der man etwas unternehmen kann. Vesna ist nämlich initiativ und sportlich, das ist für Inselverhältnisse ungewöhnlich. Sie meinte, ich sähe unternehmungslustig aus und ob sie mir, zu Fuß, die Insel zeigen dürfe. Wie gern! So verbrachten wir den Rest des Tages querfeldein, und mein Entschluss, das Haus zu kaufen, festigte sich von Minute zu Minute.

Der Kauf

Im Morgendunst nahm die Skyline von Zadar Gestalt an, mit ihren schönsten Gebäuden an der Riva, der legendären Maraschino-Fabrik Maraska, die nach der Enteignung ihrer jüdisch-italienischen Eigentümer dem jugoslawischen Staat und danach, nach wechselnden privaten Besitzern, heute einer österreichischen Bank gehört, dem Palazzo der FINA, der staatlichen Finanzagentur, deren Agenden sich langsam auflösen, und dem Zollamt. Die am Schiff in ihren bequemen Sitzen Dösenden erwachten, die Munteren an der Bar auf dem Boot tranken ihren Cappuccino aus, die Einkaufskörbe wurden bereitgestellt, Mäntel und Jacken angezogen, man machte sich fertig zum Aussteigen. An der Mole wartete schon Edeltraud, die mit einem Kroaten verheiratete, deutsche Immobilienfrau, auf mich. Sie hatte bereits einen Termin für das Gespräch mit der Treuhänderin der Verkäufer im Café »Forum« vereinbart. Wir hatten noch Zeit zum Warten. Auf den Eisenstühlen mit den dünnen Polstern war es ungemütlich kalt. Ich bestellte einen Cappuccino, Edeltraud besorgte uns Krapfen aus der nahen Bäckerei. In den unzähligen Kaffeehäusern Zadars, in denen man weder Mehl- noch andere Speisen bekommt, sondern nur Getränke, darf man bei Tisch seine Jause ungeniert auspacken und verzehren. Erst im letzten Jahr haben sich in einigen Tourismuszentren auch nette Konditoreien mit kleinen Snackangeboten etabliert. Sie bemühen sich um den Gast mittels einer Sorte trockener Schinkensemmeln, deren Qualität nur noch von den schwammigen Käsesemmeln der »Croatia Airlines« unterboten wird. Diese werden, seit ich diese staatliche Airline benutze, seit Jahren auf der Route Wien–Zagreb–Zadar serviert.

Ich leckte mir gerade den Staubzucker mit der Marillenmarmelade von den Lippen, als eine in wallendes Schwarz gehüllte große Frau mit dunkler Leoparden-Sonnenbrille an diesem frühen Herbstmorgen das Café betrat. Eine dalmatinische Powerfrau, wie sich bald herausstellte, eine absolute Respektsperson. Sie war sehr höflich, meinte aber sofort, sie habe wenig Zeit. Das hob sie sogleich von der Masse der unwichtigen Zeithaber ab. Sie wickle, so erklärte sie mir auf Italienisch, das Geschäft hier nur für Verwandte in Amerika ab. Verwandte in Amerika – oje, war dazu mein Gedanke, schon wieder ein aussichtsloser Fall! Meine Hoffnung, Eigentümerin des begehrten Objektes auf Olib zu werden, sank in Sekundenschnelle auf null. Die eilige Dame nannte den Preis, den ich schon kannte, in Dollar, ich zog davon fünfzehn Prozent ab und machte ihr mein Angebot. Ja, das sei auch ihr Limit von den Verwandten aus den USA. Wir besiegelten unser Übereinkommen mit Handschlag, das ist in Dalmatien absolut bindend, handelt es sich beim Akt um Ehrenmann oder Ehrenfrau. Damit waren wir einig, der Rest war Papier. Völlig korrekt und ohne Komplikationen unterzeichneten wir zwei Wochen später den Kaufvertrag in einem stickigen fensterlosen Hinterzimmer einer österreichischen Bank in Zadar. Ich hatte meinen kroatischen Anwalt, einen »Odvjetnik«, mit, wurde assistiert von der Maklerin und einer Deutsch sprechenden Bankangestellten, und kaufte der Dame, die sich als Bevollmächtigte von vier amerikanischen Onkeln und Tanten auswies, so mir nichts, dir nichts das Haus ab. Es ging ganz rasch. So rasch, hörte ich nachher immer wieder, hat in Dalmatien noch niemand ein Objekt nach der ersten Besichtigung gekauft.

Die Crew erklärte mir das Prozedere, das nun folgen würde und über ein Jahr oder auch länger dauern kann: Erst wenn im Außenministerium in Zagreb der Kauf für in Ordnung befunden wird, kommt der Käufer in das Grundbuch. Das ist eine Information, die viele, die endlich zu ihrem ersehnten Häuschen kommen, gerne überhören oder ignorieren. Oder man hat sie nicht korrekt informiert, etwas, das vor allem in den neunziger Jahren vorkam, als die schnellsten und schlauesten aller Ausländer Grundstücke und Objekte um »einen Schlapf« kauften und damit bewusst oder unbewusst ein großes Risiko eingegangen sind. Ich kenne welche, die schlagen sich bis heute mit der Legalisierung ihrer billig erworbenen Besitztümer herum. Es kann schiefgehen, etwa wenn im Grundbuch etwas nicht stimmt oder wenn der Käufer eines Verbrechens, insbesondere eines Kriegsverbrechens, schuldig ist. Auch, wenn das Objekt ohne Baubewilligung errichtet wurde, gibt es keine Grundbuchseintragung; das gilt aber nur für Gebäude, die jünger als 28 Jahre alt sind, bei älteren Häusern braucht man diese Auflage nicht zu berücksichtigen. Man kommt auch nicht ins Grundbuch, wenn das Land, in dem der Wohnsitz des Käufers ist, es Kroaten nicht erlaubt, Grund zu erwerben. Das ist in Österreich von Bundesland zu Bundesland verschieden, deshalb ist es zum Beispiel für einen Kärntner möglich, in Kroatien ins Grundbuch eingetragen zu werden, für einen Tiroler jedoch nicht! (Stand 2007).

Deshalb braucht man bei einem Kauf eine professionelle Begleitung, damit man sein Geld für etwas ausgibt, das einem danach auch gehört. Denn so wie bei uns, wo das Geld bis zur erfolgreichen Abwicklung des Geschäfts auf einem Treuhandkonto liegen bleibt, funktioniert es in Kroatien nicht. Wenn jemand etwas verkauft, will er sein Geld sofort und bar auf die Hand. Besonders riskant sind Zahlungen an Politiker, die einem Umwidmungen versprechen.

Bei uns lief alles regulär und offiziell über den Bankweg ab. Ich hatte bei der Abwicklung ein gutes Gefühl, und das Gefühl trog nicht. Es dauerte eineinhalb Jahre, bis mir das Außenministerium die Korrektheit des Kaufes bestätigte, und nochmals ein halbes Jahr, bis ich im Grundbuch war. Meinem Anwalt, der die Papiere nach Zagreb schickte und dazu beauftragt war, Druck zu machen, habe ich erst nach dem schriftlichen Okay der Behörde die zweite Hälfte seines bescheidenen Honorars bezahlt. Zwei Jahre nach dem Kauf entrichtete ich dann die Grunderwerbssteuer von fünf Prozent. Als sie beim Unterzeichnen des Vertrages erstmals ihre Sonnenbrille abnahm, wurde die »Dame in Schwarz« für wenige Minuten ein Mensch, von dem ich sofort wusste, dass ich mit ihm »kann«. Alle Ängste vor dem Abenteuer, in das ich mich gerade eingekauft hatte, waren verflogen. Das Bild meiner Mutter verblasste, die während der letzten Tage mit erhobenem Zeigefinger hinter mir stand und zu erhöhter Vorsicht mahnte. Die Mittel, die sie mir zum Erwerb von meinem »Ausgedinge« vererbte, waren nicht für das Ausland bestimmt, schon gar nicht für ein Land, das bis vor kurzem noch kommunistisch war, krause Ideen bezüglich des Eigentums hatte und in dem am Ende des zweiten Jahrtausends ein Bruderkrieg stattfand. Sie hätte den Kauf für unverzeihlich gehalten, nicht nur für riskant. Aber auch ich hätte zu ihren Lebzeiten nicht an Dalmatien gedacht, daran, dass man hier das ersehnte Haus am blauen Meer noch relativ günstig und sicher erstehen kann.

An dieser Stelle ist ein kurzer Exkurs in kroatische Grund- und Bodenverhältnisse angebracht, für alle, die sich an einer der schönsten Badeküsten Europas ein Häuschen, eine Wohnung oder ein Grundstück kaufen möchten: Wenn Sie eine Immobilie erwerben wollen, dann lassen Sie sich von niemandem beschwatzen! Aber Sie dürfen auch nicht dem Grundbuch vertrauen.

Machen Sie sich keine Illusionen, wenn Sie mit einem verkaufswilligen Menschen beisammensitzen, der Ihnen seinen Anteil von etwas verkaufen will – er meint es meist durchaus ehrlich und gut, aber das ist zu wenig. Beim Kauf werden Sie auch mit dem Arbeitstempo in Dalmatien bekannt werden. Dieses kennt zwei Geschwindigkeiten: erstens spontan, prompt und sehr schnell, es ist das Tempo der Verkäufer und Vermittler; und zweitens sehr langsam, dies ist das Tempo des Anwalts und der Bürokratie. Bei Letzteren haben Sie eindeutig eine Holschuld, sie müssen drängen, kontrollieren, überprüfen, lästig sein, Druck machen. Sonst geht nichts weiter.

1. Lassen Sie sich von einer Maklerin/einem Makler beraten, wenn Sie das erste Mal ein Haus oder Baugrundstück kaufen. Fragen Sie aber gleich nach der Höhe ihrer/seiner Provision.

2. Nehmen Sie sich einen Anwalt, der den Kaufvertrag aufsetzt und den Fortgang abwickelt. Es lohnt sich. Außerdem sind die Anwaltshonorare in Kroatien sehr moderat. Wenn Sie eher einem österreichischen oder deutschen Anwalt vertrauen, so haben Sie auch die Möglichkeit, sich von diesem beraten zu lassen. Einige bekannte Kanzleien haben in Zagreb eine Filiale. Rufen Sie Ihren kroatischen Anwalt dauernd an! Erinnern Sie ihn daran, wie wichtig Ihnen die Abwicklung ist.

3. Pflicht des Maklers ist es, sich über alles, was im Grundbuch steht, zu informieren und Sie davon in Kenntnis zu setzen. Das klingt einfacher, als es ist. Denn die kroatischen Eigentumsverhältnisse sind oft unklar, wenn es sich um alte Immobilien und Grundstücke han-

delt. Deshalb müssen Sie wissen, dass er Ihnen in jedem Fall etwas Neues, und das am Festland, verkaufen will! Weil er damit weniger Arbeit hat. Makler fahren nicht gerne auf Inseln, weil die zu viel Fahrzeit fressen.

4. Sind die Eigentumsverhältnisse geklärt, können Sie den Kaufvertrag unterzeichnen; jede vorher getätigte Zahlung ist ein Risiko. Sie dürfen aber nicht damit rechnen, nach dem Kauf sofort ins Grundbuch zu kommen. Das Außenministerium muss erst überprüfen, ob Sie zum Kauf berechtigt sind und ob der Verkäufer auch Eigentümer ist und das Haus, ist es jünger als 28 Jahre, den gesetzlichen Baubestimmungen entspricht. Dies ist leider nicht immer der Fall, oft wird ohne Bewilligung gebaut!

5. Womit Sie allerdings rechnen müssen, ist, dass der Verkäufer das Geld sofort haben möchte. Er hat keine Lust, mit Ihnen ein Jahr oder zwei abzuwarten, bis die bürokratischen Formalitäten im fernen Zagreb erledigt sind. Sie können ihm zwar vorschlagen, das Geld auf ein Treuhandkonto zu legen, bis die Grundbuchseintragung erfolgt ist, er wird aber höchstwahrscheinlich auf diesen Vorschlag nicht eingehen. Deshalb ist es wichtig, dass Sie einen Anwalt mit der Abwicklung des Kaufes beauftragen. Große Firmen, die am Erwerb interessanter Immobilien interessiert sind, können es sich in dieser Wartezeit leisten, mit den Verkäufern Leasingverträge abzuschließen.

6. Nach der Eintragung ins Grundbuch ist die Grunderwerbssteuer fällig, sie beträgt derzeit fünf Prozent.

7. Wenn Sie aus den vorhin genannten Gründen (Wohnsitz) in Kroatien nicht ins Grundbuch kommen, dann wird Ihnen jeder empfehlen, eine Firma zu gründen; diese Firma kann sowohl Häuser und Baugründe als auch Grünland kaufen. Die Gründung einer Firma d. o. o. (GmbH) ist einfach und kostet rund zweitausend Euro plus Notariats- und Anwaltskosten (ca. 500 Euro). Die Firma kommt binnen zwei Wochen ins Grundbuch. Das dicke Ende kommt allerdings nach,

weil Sie buchführungs- und abgabepflichtig sind. Sie müssen sich dafür einen Steuerberater oder zumindest Buchhalter leisten, und einen guten zu finden ist schwierig. Entnommene Gewinne werden mit 20 % besteuert. Das kommt nach einiger Zeit (derzeit sind es angeblich drei Jahre) auf Sie zu, da viele der zum Zweck des Immobilienkaufs gegründeten Scheinfirmen meist im Minus sind. Irgendwann müssen Sie also ins Plus! Deshalb ist es nur dann ratsam, eine Firma zu gründen, wenn man mit ihr tatsächlich etwas verdient. Man zahlt nämlich auch Sozialabgaben. All dies wissen aber nur die guten Steuerberater, auch die Niederlassung der österreichischen Wirtschaftskammer in Zagreb gibt darüber nähere Auskunft.

8. Seit 2004 gibt es eine etwas ernsthaftere Kontrolle der Bautätigkeit an der Küste. Einige ohne Bewilligung errichtete Gebäude wurden tatsächlich abgerissen. Außerdem trat ein neues Baugesetz in Kraft, das das Bauen an der Küste – bis zu siebzig Meter vom Meer entfernt – strengstens untersagt. Streng wurden die Bauvorschriften auch auf den Inseln, Gott sei Dank! So besteht die Chance, dass die Natur hier nicht zubetoniert wird. Zum Thema Bauvorschriften wenden Sie sich an das für die Region zuständige Bauamt.

Frauen-Netzwerk

»Was möchten Sie mit dem Haus nun machen?«, fragte die Dame in Schwarz und setzte sich die Sonnenbrille wieder auf. Ihre Haut war weiß wie Porzellan. »So ein Umbau auf einer Insel ist kompliziert.« Sie schien sich mit dem Umbauen auszukennen und wollte mit mir zur Schlüsselübergabe am nächsten Tag auf die Insel fahren und das Haus noch einmal sehen. Sie war als Kind dort bei den Großtanten auf Sommerfrische gewesen und erinnerte sich an unbeschwerte Tage. »Ich weiß es noch nicht«, sagte ich ehrlich. Das Haus war ja Liebe auf den ersten Blick gewesen, und bei einer solchen schaut man selten ganz genau hin.

Auf der Überfahrt, diesmal mit dem viel langsameren Fährschiff »Božava«, das von Zadar nach Olib statt zwei Stunden vier braucht, kamen Nives Kozulić und ich miteinander ins Gespräch. Ich wollte wissen, wie sie mit den Verkäufern, den Geschwistern Telesmanić, verwandt sei. Sie teilte es mir daraufhin auch mit, nur: ich wurde daraus nicht klug. Auch nicht aus der Aufklärung über ihre engste Verwandtschaft. Ihre Familie, so erzählte sie, lebe seit Menschengedenken auf der Insel Ist. Ihr Papa sei Reeder gewesen, Eigentümer mehrerer Handelsschiffe, die ihre Waren entlang der Küste und zwischen den Inseln transportierten. Ist sei wie Silba und ganz im Gegensatz zum bäuerlichen Olib eine Seefahrerinsel. Die Olibianer blieben immer erdverbunden, die von Ist und von Silba waren flexibler. Als die Kommunisten die Macht übernahmen, waren die Kozulić all ihre Schiffe los und noch einiges mehr, aber der Papa bekam eine schöne, bürgerliche Wohnung in einem Haus im Hafen und einen staatlichen Job, er wurde Lotse im Hafen von Zadar. Und obwohl es in der Tradition des Insellebens nicht üblich war, Töchter einen Beruf erlernen zu lassen, sondern sie zu verheiraten, bestand er darauf. »Was in deinem Kopf ist, kann dir niemand wegnehmen«, sprach er, und so wurde eine Tochter Gymnasiallehrerin, eine wurde Ärztin und die dritte Architektin. »Sie haben nie geheiratet?«, fragte ich Nives indiskret, denn wie ihr Papa hieß auch sie Kozulić. »O doch«, war die Antwort, »ich heiratete Herrn Kozulić.« – »Einen Verwandten?«, fragte ich zurück, denn Herr Kozulić stammt auch aus Ist, das ungefähr hundert Einwohner hat. »Nein«, kam die Antwort, »wir sind überhaupt nicht miteinander verwandt!«

Von solchen seltsamen Nichtverwandtschaftsverhältnissen unter gleichnamigen Bewohnern einer Insel hörte ich noch oft. Ich gewöhnte mich daran. So wie meine Anwältin, wenn ich wieder einmal daherkomme, damit sie für den Kauf von einhundertundfünfzig Quadratmetern einen Vertrag macht, und ich ihr die Namen der Verkäufer nenne. Ich bin ja bestrebt, wie jeder, der nicht will, dass man ihm ein Hotel vor die Nase hinsetzt, zu arrondieren. Kürzlich waren es wieder die Telesmanić, die mir freundlicherweise ein kleines Nachbargrundstückchen anboten. Es waren drei von ihnen, die angeblich aber nicht mit den Telesmanić, von denen ich das Haus erwarb, verwandt sind, wobei sich die Sache noch verkomplizierte, da die verstorbenen Eltern der drei Verkäufer vor ihrer Eheschließung beide Telesmanić hießen. »Es ist auf allen Inseln so«, sagte die Anwältin, »doch auf Olib ist die Familienverquickung besonders intensiv.« Während der Überfahrt fanden wir viele Gemeinsamkeiten und freundeten uns an. Die Chemie stimmte, was das Wichtigste ist. Entweder man kann miteinander oder man kann nicht. So wurde ich bald in die Familie integriert, wurde eine Art adoptierte Cousine, eine Tante. Dieser Familienanschluss erleichterte es mir, in Kroatien zu ankern. Die Schwestern Nives, Luisa und Silba sind wie Schwestern zu mir. Ihre durch und durch typisch dalmatinischen, wunderschönen Namen, die Schnee, Licht und Wald bedeuten, sind lateinischen Ursprungs und tragen keine Spur von »Balkan«. Nives' Ehemann Niko ist, wie tausende Männer an der Küste, nach dem Heiligen der Seefahrer benannt. Er ist ein mit allen akademischen Weihen versehener, einfacher und doch hochgebildeter Fischer, ein Ruhepol in Person; und die Lustigste der Familie ist Tante Antica, ein quirliges Frauchen mit blauem Haar, das ihr die Nichte akademisch färbt und in Dauerwellen legt. Dalmatinische Frauen sind Wunderwuzzis! Um schick zu sein, benötigen sie viel weniger Geld als wir. Dabei legen sie großen Wert auf Kosmetik und Pflege und auf schöne Kleider, wofür sie erstaunlich wenig ausgeben, weil sie vieles selber machen. Nikos Schwester zum Beispiel ist eine begnadete Schneiderin, sie näht tolle Hemden und kopiert jedes Designerkostüm. Sie übrigens sorgt für ihn, den Pensionisten daheim auf der Insel, während seine Frau in Zadar noch berufstätig ist.

Die Frauen sind für das Haus zuständig, egal ob sie daneben Voll- oder Teilzeit arbeiten oder nicht. Die Männer sind »im Außendienst«. Die Frauen sind für die Familie da, sie versorgen die Kinder, betreuen die Alten und die Kranken. Denn in Dalmatien gibt es wohl Altersheime, aber wenn es die Frauen der Familie irgendwie schaffen, bleiben die Alten bis zu ihrem Ende daheim. Als ich sie kennen lernte, waren die drei Kozulić-Frauen rund um die Uhr für ihre Mutter da, und das seit ungefähr dreißig Jahren. Ihre Arbeitszeit, ihr Urlaubsplan wurde auf die Betreuung der Mutter abgestimmt. Dabei bin ich gar nicht sicher, ob die alte Dame, eine mächtige Person von hundert Kilo, wirklich so krank war, wie es hieß. Ihre Krankheit war nämlich genau dann ausgebrochen, als auch ihre Jüngste als letzte der drei Töchter nach absolviertem Studium das Elternhaus verließ.

Das Ideal der katholischen Familie wird in Dalmatien vielerorts noch gelebt. Starke Frauen schwächt dies nicht, im Gegenteil: es macht sie stärker, führt zu einer Art Matriarchat, das sich eines Frauen-Netzwerks bedient. Egal, ob die Mütter krank sind oder kerngesund, sie sind es, die regieren, auch wenn die Männer nach außen hin so tun als ob. Am Familientisch erlebe ich die Männer als Nebenfiguren, ganz anders dann im Kaffeehaus, wo sie Chef spielen. Eine Partnerschaft zwischen den Geschlechtern, so wie in protestantisch geprägten Gesellschaften, gibt es in Dalmatien meiner Beobachtung nach nicht. Oft sind die Männer auch auf See, arbeiten im Ausland oder auf den Inseln, während die Ehefrau, Tanten und Mütter den Haushalt am Festland führen. Und wenn es die große Liebe gibt, dann ist es die zwischen Mutter und Sohn, weil Sohnemänner, abwesende Väter und starke Mütter zusammengehören und alles zusammen die adriatische Machokultur ergibt, in der die Frauen regieren. Kochen und Familie scheint nach wie vor die Lieblingsbeschäftigung der Frauen zu sein. Ich fühle mich im Kreise meiner Bekannten oft in die gutbürgerliche alte Zeit zurückversetzt, als meine Mutter noch Kalbsgulasch mit Nockerln und Salat machte und danach gebackene Apfelspalten servierte, abräumte, abwusch und niemals murrte. Hätte sie in den Bücherregalen meiner neuen Freundinnen gesehen, was ich sah, nämlich die »Wiener Küche« von O. und A. Hess, das Standardwerk von anno dazumal, sie hätte glücklich gelächelt und wäre sogleich mit nach Dalmatien übersiedelt, wo das Essen nur in den Restaurants aus gegrilltem Fisch und Salat besteht und die Mehlspeisen in den Bäckereien aus derben Croissants und fetten Krapfen. Am Familientisch gibt es die köstlichsten Braten und die Torten ohne Mehl, es gibt Pasteten und gratinierte Beilagen, wie es sie bei uns keine berufstätige Hausfrau ohne Haushaltshilfe mehr machen will.

Der große Blonde holte uns an der Mole ab und wollte erst gar nicht mit zum Haus, zu meinem Haus, denn seine Mama hatte für uns Fisch in der Pfanne gebraten, und der durfte nicht zu lange im Öl rasten. Doch dann schafften wir es doch, noch vor dem Essen mein Haus näher zu betrachten. Auf dem Weg dahin begrüßten wir meine Nachbarn Marija und Frane, genannt Frankieboy, weil er in Amerika war. Und auch der andere Nachbar ist heimgekehrter Amerikaner, so hatte ich von Anfang an entgegen meinen Befürchtungen keine Kommunikationsprobleme.

Jetzt sah ich mein Haus mit Besitzeraugen, sah natürlich an manchen Stellen feuchte Mauern, da und dort im Verputz ein Loch. Meine Begleiterin, von Beruf Architektin, sie hatte diesen Beruf aber schon lange gegen den der Stadtplanerin eingetauscht, fragte mich abermals nach meinen Plänen. Das Haus bleibt, wie es ist, meinte ich, ein kleiner Zubau vielleicht für das Bad und das WC, doch sonst rühre ich an dieser Schlichtheit lieber nichts an. Sie atmete hörbar auf. Keine Veranda, keine großen Fenster, kein andalusischer Stil? »Wenn Sie möchten«, sagte sie, »kann ich Ihnen mit Tipps für den Umbau behilflich sein.« Sie machte mich darauf aufmerksam, dass jeder Bau oder Umbau auf einer Insel ein Drittel mehr kostet als auf dem Festland und genaue Planung und perfekte Organisation braucht, um nicht in Endlosigkeit auszuarten. Jeder Ziegel, jedes Rohr und jeder Facharbeiter muss nämlich vom Festland auf die Insel reisen, was einen Nachteil hat: Es verteuert den Bau. Aber es hat auch einen Vorteil: Weil Facharbeiter lieber daheim als auf einer Insel mit toter Hose sind, arbeiten sie unglaublich schnell, wenn es sein muss auch Tag und Nacht. Sie wollen wieder rasch zu ihrer Familie und ihren Freunden zurück. Und so war es auch. Wir haben für den Umbau, es musste immerhin das Dach neu gedeckt, der Putz abgeschlagen, alle Installationen erneuert und ein Zubau errichtet werden, knappe zwei Monate gebraucht. Aber so weit sind wir noch nicht. Jetzt, nachdem ich den Schlüssel im rostigen Schloss umgedreht und in meine Tasche gesteckt hatte, war die Zeit gekommen, in der Küche der Cukars bei laufendem Fernseher mit einem sauren Landwein auf die Zukunft anzustoßen. Krešimirs Mama, die einem Feldwebel gleich in dieser Küche regierte und die es gewohnt ist, dass man sich nach den von ihr vorgegebenen Regeln richtet, war wegen unserer Verspätung etwas ungehalten. Aber als sie dann sah, wie wir unsere von der Seeluft und dem Abenteuer hungrigen Mäuler vollstopften, war sie zufrieden. Den Abend und die folgende Nacht werde ich nie vergessen. Der wunderbar schmeckende Fisch, über den die Mama Unmengen von Olivenöl aus eigener Ernte goss und zu welchem es Blitva (Mangold) und gestampfte Erdäpfel gab, lag mir wie Beton im Magen, sodass ich schlimme Bauchschmerzen bekam und die ganze Nacht wach lag.

Das sah man mir am folgenden Morgen auch an und Krešimir empfahl mir gleich ein gutes Inselrezept, das ich hiermit weitergebe: Gegen Bauchweh und überhaupt sämtliche Unpässlichkeiten trinkt man ein Gläschen Rakija – der Alkohol, von dem man erstens Kopfweh bekommt und zweitens blind werden kann. Das ist seit hunderten Jahren hier angeblich zwar noch niemandem passiert, aber ich kann nur warnen. Wenn ich viele Produkte der Insel hoch schätze, ein

Glas Rakija ist in meinen Augen immer ein Glas zu viel. Er ist nämlich nichts anderes als ein ganz gewöhnlicher Traubentresterbrand. Er hat selten mehr als 38 Volumsprozent und schmeckt mild, weshalb man davon meist zu viel trinkt. Das rächt sich.

Ich war mehrmals dabei, wenn Krešimir in einem eigens dafür erbauten Nebengebäude den Rakija in einem mit Holz befeuerten Kessel brannte. Das macht er vorbildlich, doch was mir gefährlich erscheint, ist die Maische. In ihr werden nämlich alle Holzteile der Reben mit vergoren, was beim Brennen eine Menge Vorschuss ergeben muss. Diesen trennt der Brennmeister mittels Kosten vom Edelbrand, wie allgemein üblich, doch das Resultat wird kein zweites Mal gebrannt. Da bleiben meiner Meinung nach sicher noch giftige Äther in der Flüssigkeit hängen. Ich mahnte zur Vorsicht. »Macht nichts«, sagte Krešimir gelassen, »ich brenne eine Menge Heilkräuter mit, besonders die Weinraute, Ruta, und ein paar andere Kräuter nach Geheimrezept. Die sind Medizin!«

Eine weitere harte Bandage, die ebenfalls mild schmeckt, ist der Angesetzte, der Nussschnaps oder der Kräuterlikör. Einige setzen ihn selber an, meist mit grünen Nüssen und Honig, andere kaufen sich einfach einen Pelinkovac, Orahovac oder Vlahovac im kleinen Laden am Hafen, dessen Sortiment zur Hälfte aus Alkoholika besteht. Ohne Pelinkovac vergeht für einen echten Olibianer selten ein Tag. Man trinkt ihn, statt dem Zähneputzen, gleich morgens oder zum Frühstück, nach dem Essen oder zum Fernsehen, man bietet ihn einem Besuch an, zu jeder Tageszeit.

Nun, weder Rakija noch Nussschnaps konnten meine Bauchschmerzen lindern. »Das versteh ich nicht«, sagte Marijušica, »unser Olivenöl ist doch so gesund!«

So hörte ich mir also noch einiges über die Gesundheit der Oliven an, aber auch einiges darüber, wie man früher auf der Insel Oliven behandelt und Olivenöl gemacht hat, wobei auch gleich das Geld ins

Spiel kam. »Das ist so auf Olib«, erklärte mir einmal jemand aus Zadar, »sie sind lieb, aber Pfennigfuchser.« Das Olivenöl, so erfuhr ich, war der Ausdruck des Reichtums; wer eine Mühle hatte, galt als wohlhabend, und je mehr Ölbehälter aus Stein eine Familie besaß, desto vermögender war sie. So ein Ölbehälter heißt »Kamenica«, er ist eine wunderschöne, aus einem einzigen Stein gehauene steinerne Truhe mit einem hölzernen Deckel. Heute stehen solche »Kamenice« meist als Blumenbehälter zur Dekoration auf Terrassen oder vor Restaurants herum. Und weil Olivenöl Reichtum bedeutet, gießt man so viel davon über die Speisen, die man dem Gast serviert, aus Gastfreundschaft!

Eine kleine Welt in der Adria

Es war Wochenende, und Nives stieg bei der Rückreise mit der »Božava« auf ihrer Insel Ist aus. Ich fuhr weiter nach Zadar und übernachtete bei meiner Maklerin in einem ungeheizten Kellerstüberl für zahlende Gäste. Durchfroren reiste ich tags darauf in Richtung Österreich ab.

Bis nach Wien benötigte ich noch neun Stunden, ich fuhr ein kleines Stadtauto, einen Ford Ka, und der ist nicht für Langstrecken gebaut. Eineinhalb Jahre später sollte ich in sieben Stunden von Zadar in Wien sein, und in wenigen Jahren, wenn die Autobahn durchgehend fertig sein wird, werde ich wohl nur noch sechs Stunden brauchen. Das ist das Angenehme an einem Feriendomizil in Nord- oder Mitteldalmatien: Man kann mit dem Auto mühelos anreisen, völlig unabhängig von den Angeboten der Fluglinien. Und sollten sich die kroatischen staatlichen Eisenbahnen je aufraffen, ihr Eisenbahnnetz zu sanieren und Züge zu koordinieren, wird es auch möglich sein, in weniger als vierundzwanzig Stunden von Österreich aus die dalmatinische Adriaküste im Zug zu erreichen. Durch die leichte Erreichbarkeit auf dem Landweg werden sich aber auch Touristenströme aus dem Norden und Osten Europas an die Küste ergießen. Eine neue Völkerwanderung ist zu erwarten, allerdings nur während der Sommermonate, genauer: in der Zeit vom 20. Juli bis zum 20. August, nämlich dann, wenn alle Urlaub machen.

In Wien angekommen, legte ich erstmals die Karten auf den Küchentisch, die ganze Familie war versammelt. An meinem fünfzigsten Geburtstag hatte ich beschlossen, bei manchen Entscheidungen niemanden mehr um Erlaubnis zu fragen. Jetzt, da der Kaufvertrag unterzeichnet war und es kein Wenn und Aber mehr gab, würde es mir leichtfallen, Vorwürfe wie »eine Schnapsidee« zu ertragen, doch nichts dergleichen kam. Zuerst waren die Jungs etwas überrumpelt, aber dann ging es los mit den Fragen, die ein jeder, dem ich vom Haus am Meer erzähle, stellt: »Wie bist du an das Haus gekommen?« und »Wo, bitte, ist Olib?« Nur Segler haben meist von Silba und Ist und möglicherweise von Olib gehört. Die folgenden Fragen lauten dann meist: »Wie groß ist das Haus?« und »Wie weit ist es vom Meer entfernt?« Und zum Schluss wollen alle wissen: »Wie verständigst du dich mit den Leuten?«

Ich breitete die Autokarte »Slowenien – Kroatien« aus und fuhr mit der Fingerspitze die Inseln entlang; ich begann im Norden mit Krk, Cres, Lošinj und Rab, weiter nach Pag, Silba und Olib und zeigte, welche Verbindung es nach Zadar gibt. Möglichkeiten, vom Festland auf die Insel zu gelangen, wurden diskutiert, und sofort nach Begutachtung des Kaufobjekts auf einem Foto tauchte der Wunsch nach dem angeblich Wichtigsten am Meer auf: einem Boot. Daran hatte ich noch gar nicht gedacht. Es ist aber ein Erfahrungswert: Am Meer brauchen Männer Boote, Frauen wünschen sich lieber ein Haus. In dem können sie dann entspannt auf den Herrn der Meere warten, der mit seinen Freunden und Schicksalsgenossen ohne Promillelimit auf der Adria kreuzt.

Meine Binnenland-Matrosen zeigten sich konsequent: Ein Jahr später hatten alle drei ihr Kapitänspatent, so wie ihr Urgroßvater väterlicherseits. Er war Kapitän eines eigenen Handelsschiffes gewesen und hatte zwischen Hamburg und Shanghai die Weltmeere bereist. Angeblich transportierte er nicht nur Getreide, sondern auch Sklaven. Dass er sich im Alter am Wörthersee niederließ, um sich, ganz nach Seemanns-Art, die Zeit mit einer späten Ehe und einem Bootsverleih zu vertreiben, tat seinem Ruf als Held der Meere keinen Abbruch.

Das Stöbern in der Familiengeschichte brachte auch Verbindungen zum Süden ans Tageslicht. So hatte ein anderer Urgroßvater lange als österreichischer Beamter in der Bucht von Kotor, dem südlichsten Zipfel der Monarchie, gedient. Ein Großonkel war in Montenegro bei König Zogu angestellt, und einer unserer Stammväter kam schon zu Zeiten Maria Theresias aus dem Süden nach Graz – als Südfrüchtehändler. Er verkaufte Orangen und Zitronen »vom Wagen herab« und wurde eines Tages in St. Veit an der Glan in Kärnten sesshaft. Mindestens die Hälfte unserer Familiennamen ist slawischen Ursprungs.

Jetzt, wo ich auch Freunden von meinem neuen alten Haus in Dalmatien erzählte, kamen Vorurteile zutage, an die ich niemals gedacht hatte. So begannen jene, die gern das deutsche Nationalbewusstsein meiner Kärntner Eltern kritisierten, am Nationalismus der Kroaten herumzumäkeln. »Wie kannst du nur nach Kroatien gehen?«, lautete mehr als einmal ein politisch gemeinter Vorwurf.

Noch lag die Ära Tudjman zu nah. Beschuldigte Kriegsverbrecher wurden nicht ausgeliefert. Das Bild Ante Gotovinas, den man damals noch suchte, prangte in Zadar sogar am alten Tor, am Haupteingang zur Stadt. »Heroe« stand darauf, man hatte den englischen Begriff gewählt, damit ihn alle, auch die Touristen, verstehen. Der große Kriegsheld der Kroaten, ein Kriegsverbrecher? In jeder Auslage stand ein Foto von ihm, in den Geschäften klebten Plakate mit seinem Porträt.

Und ein Ausflug in das von einer serbischen Minderheit bewohnte Hinterland von Zadar verhüllte niemandem das Geschehene: wer es sehen wollte, konnte es sehen, die in die Luft gesprengten Ruinen, die verbrannten Dörfer, die Kriegsfolgen, die beide Seiten zu tragen hatten.

Ich gebe gerne zu, dass mir kroatischer Nationalismus in Dalmatien anfänglich gar nicht auffiel, ich redete mit niemandem darüber und sah nur die wunderbare Landschaft der Insel und das schöne Haus. Erst mit der Zeit merkte ich, welche Stimmung im Lande herrschte: es war kein Nationalstolz, sondern Resignation, Angst vor der Zukunft. Es waren ja nicht wenige Kroaten oder Kroatinnen mit Serben oder Serbinnen verheiratet, wobei sich die gebürtigen Serben oder Serbinnen nach 1995 von ihrer alten Heimat verabschieden mussten. Männer, deren Namen serbisch klangen, zogen daraus sogar die Konsequenz und tauften sich um. Ich kann hier nicht ins Detail gehen, aber viele Menschen mit typisch serbischen Vor- oder Nachnamen ließen ihre Namen umschreiben, also kroatisieren; dabei geht es vor allem um Schreibweisen ein und desselben Namens. Ein Akt, von dem die Geschichte immer wieder erzählt, von den Eindeutschungen slawischer Namen in Kärnten zum Beispiel und umgekehrt, den slawisierten deutschen Namen nach 1920 in Jugoslawien, ja, das alles gab es auch in Kroatien am Ende des 20. Jahrhunderts. Nach dem »Befreiungskrieg« betrieb man also zuerst Nationalkosmetik, danach wurde das Nationalbewusstsein gefördert. Darin spielte die Kroatisierung der Küstenregion eine große Rolle. Sie wurde mir erstmals bewusst, als ich Fremdenverkehrsbroschüren und Publikationen studierte, in denen es vor Glorifizierungen der »kroatischen Küste« nur so strotzt und die alten Regionen »Istrien« und »Dalmatien« völlig aus dem Vokabular und von den Landkarten gestrichen werden. Aber Istrier und Dalmatiner sind zäh und sich ihrer Eigenständigkeit bewusst und wissen, dass die Zeit für sie arbeiten wird. Istrien ist längst schon wieder eine weder slowenische noch italienische noch kroatische Region, sondern eine istrische und in Dalmatien wird es ebenso sein.

»Klassische«, also stolze Dalmatiner fühlen sich meiner Beobachtung nach in erster Linie als Zadarer, Spliter, Dubrovniker und als Bewohner ihrer Inseln und erst in zweiter Linie als Kroaten. Jede Insel ist eine eigene kleine Welt, die ihre Familienclans und eine eigene Geschichte hat. Diese kleine Inselwelt ist die geliebte Heimat. In ihr spielt sich politisch im Kleinen ab, was sich auch in der großen Welt abspielt: es gibt Rechte und Linke, Faule und Fleißige, Beamte und Gastarbeiter, Reiche und Arme, immer mehr Alte und immer weniger Kinder.

In der Zeit, in der ich auf Haussuche war, machte ich einmal mit Bekannten aus Split einen Busausflug an den Gardasee, wo wir in einem von Kroaten geführten Hotel übernachteten. Der Bus war nicht besonders komfortabel und das Radio defekt. Das machte den Fahrgästen gar nichts aus. Auf der ganzen Fahrt sangen sie ihre dalmatinischen, auch italienischen Lieder, und es wurde ihnen nie fad. Als wir auf der Heimfahrt die slowenisch-kroatische Grenze passierten, stimmten sie voller Inbrunst die kroatische Nationalhymne an. Ich kann mich nicht erinnern, bei uns in Österreich je solche nationalen Regungen auf einer Busfahrt gespürt zu haben.

Die kroatische Nation ist jung. 1990 erklärte das kroatische Parlament die Souveränität und verabschiedete am 22. Dezember 1990 eine neue Verfassung. Ende Mai fand ein Referendum über die Loslösung Kroatiens von Jugoslawien statt, das am 25. Juni 1991 zur Unabhängigkeit führte. Nach mehreren Aufschüben trat die Unabhängigkeitserklärung schließlich am 8. Oktober 1991 in Kraft, Kampfhandlungen folgten, ein Drittel des kroatischen Territoriums wurde von der Jugoslawischen Volksarmee besetzt. In Dalmatien sind die Spuren des Krieges noch deutlich zu sehen, man braucht nur von der Küstenstraße abzubiegen und einen Ausflug nach Knin oder an den Vrana-See zu machen, wo die zerschossenen Einfamilienhausruinen als Mahnmale immer noch ungelöster ethnischer Probleme stehen. Auch eine Fahrt in das verlassene, in einem prächtigen Canyon gelegene, zauberhafte orthodoxe Kloster Krupa gibt Aufschluss über die jüngste und traurige Geschichte der Kroaten und ihrer serbischen Brüder. Die Kroaten haben sich bei den Unabhängigkeitsverhandlungen die Meeresküste in der größten möglichen Ausdehnung gesichert. Den Serben ließen sie die ehemalige kroatisch-dalmatinische Region in Montenegro über, aber auch die hat sich mittlerweile von »Restjugoslawien« abgelöst.

Am 15. Jänner 1992 wurde die Unabhängigkeit Kroatiens international anerkannt und am 22. Mai 1992 Kroatien in die Vereinten Nationen aufgenommen. 1995 fand die Reintegration Westslawoniens und der Krajina statt. Ostslawonien wurde am 15. Jänner 1998 durch Vermittlung der UNO wieder in das kroatische Staatsgebiet integriert.

Dalmatien, von dem in diesem Buch die Rede ist, ist keine politische Einheit mehr, wie noch in der k. u. k. Monarchie, sondern nur ein geografischer Abschnitt der kroatischen Küstenregion, die – wie ganz Kroatien – in Komitate, Gespanschaften (Îupanijas), eingeteilt ist.

Im Bürgerkrieg 1991/92 kämpfte jeder gegen jeden. Bosnische Serben und bosnische Kroaten riefen eigene souveräne Staaten auf bosnischem Gebiet aus, auch zwischen den bosnischen Kroaten und bosnischen Muslimen kam es zu Kämpfen; internationale Schlichtungsbemühungen und Schutzzonen konnten die Eskalationen zwischen den »Ethnien« nicht verhindern. Unter dem Begriff der »ethnischen Säuberung« vertrieben besonders die bosnischen Serben die anderen Volksgruppen aus den von ihnen besetzten Gebieten; Massaker und Gräueltaten sind dokumentiert.

Große Teile der Einwohner Bosniens flohen aus ihren Ursprungsregionen. Während der Migrationen versuchten die bosnischen Serben weiter, ihre militärische Position zu verbessern. Unter internationalem Druck und Waffenstillstand wurde im Oktober 1995 das

Friedensabkommen von Dayton unterzeichnet, das unter anderem festlegt, dass Bosnien als einheitlicher Staat mit zwei Teilrepubliken (moslemisch-kroatische Föderation und serbische Republik) bestehen bleibt. Seit dieser Zeit fließt ein Strom von Wirtschaftsflüchtlingen in den Rest der Welt. Die erste Anlaufstation ist Dalmatien, wo die Bosnier im Tourismus und in der Bauwirtschaft Arbeit finden. Auf Olib bleiben sie in diesen Branchen, eröffnen Lokale oder gründen eine Baufirma. Für eine Karriere, wie sie Boris Nemsić, Österreichs »Mann des Jahres« 2007, machte, müssten sie mehr Ehrgeiz entwickeln, und der ist nicht jedermanns Sache, besonders nicht an der Küste, wo das Leben auch mit bescheidenen Mitteln und ohne Karriere wunderschön ist. Österreich ist mit dreißig Prozent Anteil der größte ausländische Investor in Kroatien, vor allem auf dem Gebiet der Finanzdienstleistungen, der Banken und Versicherungen, Bau und Bauzulieferungen, Tourismus, Medien, Telekommunikation, Groß- und Einzelhandel. Zweitgrößter Investor ist Italien. Von 42 Banken sind 38 in ausländischem Besitz und nicht alle Geschäfte verlaufen für die Investoren positiv. Probleme, mit denen sie sich auseinandersetzen müssen, sind die langen Zahlungsziele, das Grundbuch, undurchsichtige und langwierige Privatisierungsverfahren, die mächtige graue Wirtschaft, ein archaisches Krankenversicherungssystem, eine schleppende Bürokratie, die Verflechtung von Politik, Verwaltung und Wirtschaft.

Und wie sieht es in der kleinen kroatischen Welt aus, auf der Insel Olib? Wo sind die internationalen Investoren? Nun, es gibt sie noch nicht, noch haben sie uns nicht entdeckt und wir wissen gar nicht, ob wir das wollen. Manchmal wünschen wir es uns, sie würden uns entdecken, etwa, wenn das Internet schon wieder nicht funktioniert, weil es auf Olib nur den analogen Anschluss gibt und die mobilen Modems nichts empfangen und nichts senden. Oder wenn wir für ein kulturelles Projekt, etwa ein Konzert, Sponsoren suchen. Die erste Frage lautet dann nämlich: »Wie viele Besucher werden kommen?« Man antwortet dann ehrlich, was heißt, dass man die doppelte Menge nimmt und sagt: »Zweihundert.« »Nein, danke«, sagen dann die Sponsoren. »Das ist zu wenig.« Es gibt auch keine Hotels bei uns und keinen Nonsens-Shop. Und dass wir mit den öffentlichen Schiffen erreichbar sind, ist auch in den neuesten Landkarten immer noch nicht eingezeichnet. Irgendwie sind wir weit weg vom Schuss, der Kriege und der Wirtschaft. Schlimm? Nein, schlimm ist dies überhaupt nicht.

Sonniges Sibirien

Ich tauchte erst zu Umbaubeginn im Februar wieder im Süden auf. Da zeigte sich die Landschaft schon im gleißenden Frühjahrslicht: die grüne Insel mit den kahl-weißen Nachbarinseln, das dunkelblaue Meer und das Velebitgebirge im Hintergrund – es war schneebedeckt. Ja, in Dalmatien gibt es Schnee! Und manchmal schneit es sogar auf den Inseln. Einmal im Leben darf ein jeder Insulaner mit Schneeschaufeln rechnen. Man kann sogar Schi fahren in Dalmatien. Die befahrbaren Hänge im Velebit sind aber kurz und eher zum Snowboarden geeignet. »Eigentlich sind Schneeschuhe das geeignete Gerät«, meinte einmal eine Tiroler Bergsteigerin, die in Vinjerac eine Wohnung hat. Und die muss es ja wissen. Ich lernte sie eines Tages im Februar kennen, als ich durch eine verschneite dalmatinische Landschaft zum serbisch-orthodoxen Kloster an der Krupa fuhr, dessen Besuch mir jemand als Geheimtipp empfahl. Es war eine Fahrt ins Niemandsland, ausgehend vom Städtchen Karin, in dem sich ein wunderschönes Franziskanerkloster befindet, das kultivierte Touristen kennen. Das orthodoxe Pendant, zwanzig Kilometer davon im Hinterland, besuchte wohl noch keiner, dachte ich mir, als ich auf einer Schotterstraße durch die braunen, kahlen Hügel kurvte, hie und da an verlassenen Dörfern vorbei, in denen Schafhirten wohnen, Menschen, die einst Nomaden waren. Die Landschaft kam mir wie eine nordafrikanische vor. Jäh brach die Erde vor mir ab, vor mir lag ein tiefer Canyon. Er öffnete sich zu einem mit Pappeln bepflanzten Talboden, auf dem ein großes Gebäude stand: das Kloster. Es schien menschenleer. Ich parkte mein Auto unter einer riesigen Linde und spazierte den Weg entlang, bis ich zur romantisch vereisten Krupa kam, über die eine Fußgängerbrücke führte. Da kam mir von der anderen Seite des Tals eine Gestalt entgegen, es war eine Frau, die mit dicken Schals und einer Wollmütze genauso wie ich vermummt war. Wir trafen uns auf der Brücke, die voller türkisblau funkelnder Eiszapfen war, die in die Gischt der Krupa hingen. Die Krupa sah aus wie fließender Wodka on the Rocks. Wir grüßten uns höflich mit »Dobar dan« auf Kroatisch, versuchten es noch mit »Do you speak English? What are you doing here?«, bis die Dame erwähnte: »I am from Tirol«. »Kommen Sie doch mit«, meinte sie etwas später, sie war beim Abt eingeladen. So gelangte ich ins Kloster, das einen wunderbaren Arkadenhof hat, eine reizende kleine Kirche, einen Friedhof, auf dem sich die aus der Gegend vertriebenen Serben begraben lassen, eine große Bibliothek und im ersten Stock eine warme Küche. Der Abt kam uns entgegen, ein junger Mann, keine Dreißig, mit einem meterlangen Bart, und am Herd stand eine füllige Klosterschwester; die beiden waren, seit das Kloster wieder in Betrieb ist, die einzige Belegschaft. Die Atmosphäre war gastfreundlich und sehr herzlich, es gab türkischen Kaffee, Slivowitz und Baklava, selbst gemacht, eine ganz andere Kultur als die kroatische war das, eine Mischung aus Orient und Okzident. Der Abt trug ein Käppi am Kopf und die Klosterschwester, die ihm den Haushalt führt, einen langen schwarzen Kittel, am Kopf ein schwarzes Tuch, das einem Tschador glich, mit freiem Gesicht. Sie war in ihrem früheren Leben einmal Frisörin gewesen, sagte sie, und sie sprach sehr gut Deutsch. Etwas später kamen noch zwei Hirten daher, man hatte etwas wegen der

Sonntagsmesse zu bereden, bei der es maximal zehn Beteiligte gibt, und als ich am Abend in die Dunkelheit aufbrach, warnte der Abt mich vor den Wölfen. »Steigen Sie nicht aus«, sagte er. »Wenn was mit Ihrem Auto ist, rufen Sie uns an.« Dann segnete er mich.

Von der Tourismuswerbung zwar als »Süden« verkauft, ist Dalmatien kein ausgesprochen südliches Land. Der südlichste Zipfel um Dubrovnik liegt nur auf gleicher Breite wie Rom und hat zudem noch ein gebirgiges Hinterland, von dem der kalte Wind, die Bora, pfeift. Zadar liegt breitengleich zu Ancona und Olib zu Ravenna. Das Klima hier ist im Durchschnitt nur um zwei bis drei Grad wärmer als in Mitteleuropa, weil die Winter kürzer sind. Kalt ist es von Dezember bis Februar aber trotzdem; zudem gibt es Anfang März und im September so etwas wie eine kleine Regenzeit. An kalten Tagen kann dieser Regen auch in Schnee übergehen. Am 1. März 2004 lag Zadar unter einer dichten Schneedecke. Es schneite in Fetzen, die Segelboote im Hafen waren zugeschneit, die Blätter der Palmen bogen sich unter der weißen Last, und auf den Straßen herrschte Chaos. Die Kinder lieferten sich Schneeballschlachten. Ein paar verrostete Schneepflüge waren im Einsatz, die Magistrale, die Küstenstraße nach Rijeka, war wegen Schneeverwehungen gesperrt, es schneite an der ganzen Küste bis Dubrovnik hinunter. Ich wollte gemeinsam mit Nives nach Zagreb zu einem Termin fahren und holte sie mit dem Auto ab. Jetzt war meine Stunde gekommen, die Stunde der Berg-erprobten österreichischen Autofahrerin. Jetzt konnte die Landratte zeigen, was sie draufhat. Aber Nives meinte, wir würden nicht weit kommen. Vorsorglich holte sie aus ihrer Garage Schneeketten. Und tatsächlich, die Frau, die am Meer lebt und Schneeketten im Vorrat hat, hatte Recht. Zwanzig Kilometer außerhalb der Stadt hörte es zu schneien auf, dafür wehte die Bora so stark, dass ich glaubte, die Herrschaft über mein Auto zu verlieren, die Straße war nämlich eisglatt. Kurz darauf gerieten wir in einen Schneesturm und passierten als Letzte die Autobahnbrücke, die über den Meeresarm führt.

Auf dieser Brücke, mitten im Orkan und mit Glatteis unter den Reifen, schickte ich ein Gebet gen Himmel. »Alles zu«, sagte der Mann an der Autobahnstation am Ende der Brücke, »Sie können nicht mehr zurück, Sie waren die Letzten. Die einzige Möglichkeit für Sie ist die Rückkehr nach Zadar, dazu aber müssen Sie auf die alte Straße nach Obrovac.« Dieser Ort liegt an der Zrmanja, in einem Canyon. Wir fuhren im Schritttempo, fast ohne Sicht im Schneesturm, vorbei an Schneeverwehungen, an gespenstischen Ruinen aus dem letzten Balkankrieg. Die Straße, die am Hang des Canyons hinunter in das alte Seeräubernest Obrovac führt, war zum Teil unbefestigt, die Randsteine waren ausgebrochen, der Schneematsch war sicher zwanzig Zentimeter hoch, doch der Wind hörte auf, dafür begann es wieder zu schneien. »Dalmatien ist Österreichs Sibirien«, hieß es in der k. u. k. Zeit einst von diesem südlichsten Teil der Habsburgerwelt. Diesen Ausdruck hatte ich bisher nie verstanden, nun kapierte ich ihn. Der k. u. k. Beamte, der ihn prägte, muss wohl im Winter hier gewesen sein.

Unsere Teilnahme an der Fünfzig-Jahr-Feier der österreichischen Wirtschaftskammer in Zagreb war geplatzt, wir waren aber nicht die Einzigen, die fehlten. Dalmatien war vom Hinterland abgeschnitten. Als wir dann in die Nähe von Zadar kamen, klarte der Himmel auf, es blitzte blau durch die Wolken, am Straßenrand blühten die Mandelbäumchen rosa im weißen Schnee, die Sonne schien. Es war ein sonniges Sibirien, und wir waren glücklich, gesund und munter wieder daheim zu sein.

Ich fuhr dann erst zwei Tage später nach Wien, über die Bergstrecke entlang der bosnischen Grenze mit ihren hohen, schneebedeckten Bergen in Richtung Norden. Das Wetter hatte sich gebessert, der Wind gelegt, der Schnee glitzerte, streckenweise maß die Schneedecke einen Meter. Bei den Plitvicer Seen machte ich Rast. Die unendlichen, tief verschneiten Buchenwälder mit ihren kahlen Stämmen und dem dichten Dach der Äste waren eine Märchenlandschaft. Diese Gegend hier heißt Lika, was so viel wie »Wolfsland« bedeutet. Noch heute gibt es hier im Nationalpark »Plitvicer Seen« Wölfe, Bären und Luchse.

Natürlich ist es am Meer unten wärmer, aber wer ein Haus in Dalmatien ganzjährig nutzen möchte, der sollte unbedingt einen Kachelofen einplanen, darauf achten, dass ein Kamin im Haus ist, und er sollte Holzböden dem üblichen Marmor vorziehen. Es gibt wunderbare Massivparketten aus slawonischer Eiche im Handel, auch Lärchenbretter aus heimischer Produktion. Dalmatiner kennen im Regelfall wenig häusliche Gemütlichkeit oder gar Komfort – es sei denn, sie sind im Ausland gewesen. Ein Sparherd in der Küche und ein, zwei Radiatoren im Wohnzimmer sind das Maximum, das sie sich an Wärmespendern leisten. In einigen Villen in Zadar sah ich auch Kachelöfen, es waren dunkelbraune Ungetüme, funktionell, aber nicht attraktiv. Sie scheinen aus einer jugoslawischen Einheitsproduktion zu stammen. In den Baumärkten werden aber seit einiger Zeit auch Schwedenöfen verkauft und die finden, wie ich hörte, guten Absatz.

Sparherd heißt an der Küste übrigens verballhornt »šbarher«, man spricht es »schbarher« aus. Ich glaube, es war neben »pomalo« das erste kroatische Wort, das ich mir merkte.

Im Meer schwimmen kann man zwischen Senj und Dubrovnik von Mai bis Oktober, nach einem warmen Herbst hat die Adria auch Ende November, Anfang Dezember noch 18 bis 19 Grad. Ich könnte mir zur längeren Nutzung der Wasserfreuden sogar eine Sauna am Strand vorstellen, nach skandinavischem Vorbild. Man könnte das Meerwasser dann als Tauchbecken nützen – das müsste unglaublich gesund sein und ein Riesenspaß. Aber noch habe ich niemanden gefunden, der mit mir so ein Saunaprojekt auf der Insel teilen möchte.

Wir sind ja schließlich nicht in Finnland oder Schweden, wo man seinen eigenen Körper etwas freier betrachtet als im Süden.

Obwohl Dalmatien im Süden liegt, ist das Klima als rau zu bezeichnen. Schuld daran ist die Bora. Es gibt aber klimatisch begünstigte Gebiete – es sind jene, an denen die alten illyrischen Städte entstanden und später die Landwirtschaft treibenden Klöster siedelten.

Die über dreitausend Jahre alte Stadt Zadar zum Beispiel ist frei von Bora und hat auch im Winter ein mildes Klima, das um zwei Grad mehr aufweist, als das Klima auf den umliegenden Inseln. Auch die vor der Bora geschützte Insel Nin war schon im 4. Jahrhundert v. Chr. ein liburnisches Wirtschaftszentrum und ist drei Jahrhunderte danach zur römischen Hafenstadt Aeona geworden – mit Forum, Amphitheater und Tempel. Die ersten Christen nützten den Standort, und die altkroatische Kirche erlebte in Nin ihre Blüte im 9. Jahrhundert. Zu spüren ist das bescheidene und so praxisnahe altkroatische christliche Wesen heute noch: in der kleinen Kirche Sv. Križ, die man in Nin besuchen sollte.

Die Wasserstraße zwischen Krk, Rab und Pag hingegen ist wegen der Borastürme berüchtigt, hier kann es bis zu zweihundert Boratage pro Jahr geben. An starken Boratagen ruht der öffentliche Schiffsverkehr, und die Inseln sind vom Festland abgeschnitten. Am schlimmsten weht der eisige Wind auf der Insel Goli (Goli Otok), wo Titos Konzentrationslager war. Auf dieser zwischen Rab und Pag gelegenen Insel verbrachten viele ehemalige Partisanen und Weggenossen Titos Jahre ihres Lebens, dazu gehörten die Stalintreuen, Separatisten und Systemkritiker und solche, die die Flucht über die Adria nach Italien nicht schafften.

In Mitteldalmatien ist Hvar eine der klimatisch günstigsten Inseln und war deshalb bei Griechen, Römern, Seeräubern, Kroaten, Venezianern, Türken und Bosnienflüchtlingen gleichermaßen begehrt. Auf Hvar lebten Künstler, Schauspieler und Poeten, auf Hvar wachsen Wein, Oliven und Kräuter, aber auch Gedichte und Gesänge. Kein Wunder, dass Hvar eine der beliebtesten und teuersten Touristeninseln geworden ist, auf der sich viele Prominente angekauft haben.

Üppige subtropische Vegetation bei mäßigem Wind gibt es auf den sieben Elaphiten-Inseln, eine der größeren ist Lopud. Sie gehörte seit dem 11. Jahrhundert zur Republik Dubrovnik. Der Stadtadel hatte hier seine Sommervillen, und auch die kirchlichen Orden ließen sich das durch die Vegetation begünstigte Klima nicht entgehen. Dass diese Region auch heute schick ist, versteht sich von selbst, Karl Habsburgs Familie hat sich hier angesiedelt.

Dalmatiens bester Wein wächst am Pelješac, der Halbinsel, auf der sich mit Vorliebe pensionierte Kapitäne im Ort Orebić niederließen, wahrscheinlich weniger wegen des angenehmen Klimas als wegen der Weine Dingač und Pošip. Die Reben wurden in römischer Zeit von den Siedlern aus den nordafrikanischen Provinzen nach Dalmatien gebracht. Die Weinkultur wurde später von den Orden gepflegt, von den Franziskanern und den Benediktinern. Sie suchten sich die mediterransten Orte an der Küste aus, so etwa eine Halbinsel in einem Meeresarm, der wie ein See aussieht, auf der Nationalpark-Insel Mljet. Die rauen Standorte überließen sie dem Volk, den Hirten und Bauern. So gab es auch auf Olib einmal eine Einsiedelei oder ein Kloster, nämlich in der Bucht Banjve im Süden der Insel, einer arkadischen Landschaft mit alten Eichen und Wiesen, in der man nur noch die Ruinen findet.

Die kargsten der mitteldalmatinischen Inseln vor Šibenik und Trogir, die dem Wetter erbarmungslos ausgesetzt sind, beherbergten die Leprakranken, die man auf ihnen aussetzte. Von der Antike bis ins Mittelalter wurden die Dalmatiner von der Lepra geplagt, die von den Seefahrern eingeschleppt wurde; aber auch Pest und Malaria fanden immer wieder Opfer. Die Pest wütete im 17. Jahrhundert zum letzten Mal und reduzierte die Bevölkerung ganz Dalmatiens auf insgesamt nur noch achtzigtausend Menschen. Die Malaria plagte noch die Österreicher. Von den Römern über die Venezianer und die Türken bis zu den k. u. k. Truppen wurden im Laufe von zwei Jahrtausenden aus landwirtschaftlichen und gesundheitlichen Gründen Dalmatiens Sümpfe trockengelegt. Einer der berühmtesten Sümpfe ist das Neretva-Delta, in dem sich die Narentaner Piraten versteckten. Heute ist die Anophelesmücke dort längst ausgerottet, und die vielen Flussarme und Kanäle sind ein Vogelschutzgebiet, das man mit flachen Kähnen befahren kann.

Vom Umbau meines Hauses gibt es nichts Nennenswertes zu berichten, weil entgegen düsteren Prognosen aus dem Bekanntenkreis das meiste bestens funktioniert hat. Die bosnischen Bauarbeiter und die kroatischen Handwerker, der Zagreber Solaringenieur und der Generalunternehmer aus Zadar, der alles koordiniert und beaufsichtigt hat, haben gut, schnell und preiswert gearbeitet. Der Generalunternehmer hatte die volle Verantwortung, jeden meiner Umbauwünsche besprach ich mit ihm genauestens an Ort und Stelle und mit einem Zeitplan, der exakt eingehalten werden musste, ganz einfach deshalb, weil ich zu jedem Ende eines alten und zu Beginn eines neuen Bauabschnitts, also alle zwei Wochen, persönlich auf die Insel kam und nur bezahlte, was getan war. Der Bauleiter war meine einzige Ansprechperson, auch das war sehr vorteilhaft. Wenn man die ortsübliche Sprache nicht kann, erspart man sich eine Menge an unnötiger Diskussion. An Beispielen demonstrierte ich, was ich wollte, fertig, aus. Ich habe den Baufortschritt streng kontrolliert und den Umbau zur Ehrensache des Verantwortlichen erhoben, beides zusammen ergab wohl »das Geheimnis unseres Erfolgs«. Der Zeitstufenplan wurde so genau eingehalten, dass der Umbau in drei Monaten fertig war – in einer, wie mir immer wieder bestätigt wird, Rekordumbauzeit.

Unter Brüdern

Mit einem muss ich mich auf der Insel abfinden: damit, dass es zwei voneinander getrennte Welten gibt – die der Frauen und die der Männer. Wann immer ich mich auch an männlichen Unternehmungen beteiligen wollte, etwa an einer Jagd, einem Fischzug oder an Gesprächen über die Zukunft unserer Insel, wurde ich abgewehrt: »Nichts für dich«, sagten sie. »Das ist Männersache!«

»Männersache«, das bedeutet die Verbrüderung, das Männerbündnis. Es bedeutet »dichthalten«, Starrheit, Verschlossenheit. Im Gegensatz zum offenen, weiblichen Netzwerk, das in den Großfamilien, aber auch unter Schulfreundinnen oder Interessensfreundinnen wirksam ist. Ein kurzer Rückblick in die Kulturgeschichte der Küste erklärt manches und birgt Material für die Vorurteilsforschung.

Im 16. und 17. Jahrhundert organisierten sich Flüchtlinge, Räuber und Abenteurer zu gefürchteten Banden, zu Hajduken und Uskoken. Sie sollten anfänglich nur türkischen Subjekten den Garaus machen und türkische Objekte zerstören, bald aber machten sie das gesamte dalmatinische Hinterland, Istrien, Bosnien und Montenegro unsicher und wurden zum Schrecken der Küstenschifffahrt. Erst zu Beginn des 18. Jahrhunderts, als Venedig mit den Türken Frieden schloss und die Grenze dort gezogen wurde, wo sie heute zwischen Bosnien und Kroatien wieder ist, lösten sich die Organisationen auf. Verschwunden sind sie aber bis heute nicht, denn die Bande, die ihre Mitglieder untereinander knüpften, hielten fester als Besitz und Politik.

Seit dem 14. Jahrhundert war ein größerer Teil der Dalmatiner katholisch, und die kroatischen Volkspriester waren politisch organisiert, sie standen auf der Seite des einfachen Volkes. Besonders die Franziskaner, die gerne in militärischer Aufmachung zum Gottesdienst erschienen, halfen den Räubern, die Beute in Kirchen zu verstecken, die Raubzüge zu koordinieren und Rekruten zu werben. Die Zusammenarbeit mit den kroatischen Robin Hoods brachte ihnen Rügen und Verbote aus Rom ein, an die sie sich aber nicht hielten.

Als sich im Laufe der Zeit herausstellte, dass die venezianischen, jüdischen und päpstlichen Händler längst schon mit den osmanischen

Herren handelseins geworden waren, kam es auch im Volk zur Verbrüderung zwischen Muslimen und Katholiken.

Die Blutsbrüderschaft zwischen Muslimen und Katholiken wurde von den Volkspriestern in kirchlichen Zeremonien abgesegnet. Sie hatte den gleichen Stellenwert wie ein echtes Verwandtschaftsverhältnis, und Verwandte brachten einander nie um. Diese Blutsbrüderschaft zwischen Christen und Muslimen wird in den Volksepen oft besungen. Dass auch Homosexualität hinter diesen Männerbünden steht, darf vermutet werden. 1588 zum Beispiel schloss der Vojvode Daničić mit dem Kommandeur Halil-Bey den Bund fürs Leben. Sie küssten sich innig, tauschten Geschenke aus und verbrachten laut Bericht »die Nacht eng umarmt, gemeinsam in einem Bett«.

Der Zusammenhalt unter Verwandten in der ländlichen Bevölkerung bedeutete Stärke gegen die herrschenden Schichten in den dalmatinischen Städten. 1613 schreibt ein venezianischer Beobachter: »Die Bewohner einer Insel sind alle miteinander verwandt, sie halten alle gegen uns zusammen, denn wir in der Stadt, wir sind mit ihnen sicher nicht verwandt.«

Jede Insel hatte ihren Ehrenkodex. Dazu gehörte auch das Schweigen. Nichts drang nach außen.

In diesem Zusammenhalt spielten die Frauen keine Rolle, es war ein reines Männerbündnis. Mit den Frauen wurde gehandelt, sie wurden von ihren Vätern oft an die Räuber verkauft, um deren Bräute zu werden oder um von diesen als Sklavinnen weiterverkauft zu werden und in venezianischen Haushalten oder auf anatolischen Sklavenmärkten zu landen. Zengg (Senj) und Spalato (Split) waren florierende Sklavenmärkte.

Nach der Verbrüderung mit den Türken übernahmen die Kroaten deren Lebensart. Muslime und Katholiken hörten auch auf, sich gegenseitig zu bestehlen, sie mussten sich ein neues Opfer suchen. Sie fanden es in den Angehörigen der Orthodoxen und in all jenen Volks-

[illegible] aren, in den Roma und den Morlacken, den Walc[illegible] banern.

Dazu bekamen sie sogar eine offizielle Erlaubnis vom Kaiser aus Wien. Schon seit Beginn der Türkeneinfälle hatten sich die Österreicher wie auch die Venezianer der dalmatinischen Räuber bedient und sie als Freibeuter für den Kaiser oder die Republik arbeiten lassen. Man kassierte einen Teil von der Beute, waren es nun Rinder oder Sklaven. Mit der lukrativen Räuberei ging es bergab, seit sich Räuber untereinander verbrüderten.

So ganz wohl war den Herren in Wien aber nicht, als sie den katholischen Räubern und ihren franziskanischen Komplizen erlaubten, Orthodoxe zu fangen. 1549 schrieben die Habsburger deshalb vorsichtshalber an den Papst, ob er das Verbot, Christen als Sklaven zu fangen, nicht im Falle der Orthodoxen aufheben könne, und auch der Bischof von Zadar ersuchte 1598 um die Erlaubnis, orthodoxe Morlacken zu fangen, »da diese viel schlimmer als die Muslime sind und mit dem Christentum nicht mehr gemeinsam haben als die Taufe«. Päpstliche Antworten sind nicht verbürgt, wohl aber kennt jeder die Folgen: Zwischen den orthodoxen Volksgruppen und den katholischen Kroaten entstand ein tiefer Graben. Er trennte, was vorher zusammenlebte, und er führte schlussendlich zu einem letzten Krieg, der vor nicht weniger als 20 Jahren stattfand.

Das Bandenwesen forderte ebenso viele Opfer wie die Türkenkriege und die sonstigen Auseinandersetzungen zwischen Adria und Balkan. Und es machte das Volk noch ärmer. Ein Venezianer schrieb: »Es ist nicht bekannt, dass je ein Räuber reich geworden ist.«

Durch die Verbrüderung machten die Räuber immer weniger Beute. Also ließen sie sich etwas Neues einfallen: Sie versprachen den Bauern Schutz vor anderen Räubern und hoben dafür Schutzgelder ein. Diese Idee gefiel auch den Venezianern und den Habsburgern, die den Bauern ihrerseits Schutz vor allen Räubern verhießen. So entsta[illegible]den in dieser Zeit nicht nur in Sizilien, Sardinien, Korsika oder Süditalien, auch in Dalmatien die Strukturen der Mafia.

Schutzgelder, das konnten entweder Dukaten, aber auch Pferde, wollene Teppiche oder Rinder sein.

1588 kontrollierten die Banden die Küste vom Neretva-Delta bis Zadar. Die Bauern von Trogir, Šibenik und Makarska zahlten Schutzgelder an drei »Beschützer«: die Venezianer, die Österreicher und die eigenen Leute. Nebenbei lieferten sie den venezianischen Städten eine Landsteuer ab, meist in Weizen, plus die Regalia: ein Lamm zu Ostern, einen Laib Käse und Brennholz pro Haushalt, wobei sie selber halb verhungerten. Als sie ihr Land nicht mehr bebauten, zogen sie in die Slums vor den Städten; die Städter nannten diese Hütten »alla rustica«.

Als Dalmatien 1723 von den Türken befreit und befriedet war (der Grenzverlauf entspricht dem heutigen mit Bosnien), war es bitterarm und ohne Ressourcen. In dieser Zeit flüchteten die Menschen gegen Westen, hin auf die Inseln, wo sie sich ein Überleben in Frieden erwarten konnten. Ein Blick in die Taufbücher Olibs zeigt nicht, woher all die »alten«, die eingesessenen Familien stammen, wohl aber wann sie auf Olib ankamen. Die meisten kamen nicht im 16. Jahrhundert wie die Gründerväter, die tatsächlich aus religiösen Motiven nach Olib flüchteten, sondern im 17. Jahrhundert, um am Festland nicht zu verhungern. In dieser Zeit stand Dalmatien unter venezianischer Verwaltung, die daran interessiert war, die Inseln zu besiedeln und fruchtbar zu machen. Besonders Brač, Vis, Korčula und Hvar, aber auch die Welt der kleinen Inseln, zu der Olib zählt, bekamen Zuzug. Die Siedler erhielten Grund und Boden, waren vom Militärdienst befreit und kamen in den Genuss von Privilegien, wie zum Beispiel der Zollfreiheit. Als Gegenleistung mussten sie sich dazu verpflichten, die Inseln gegen die Türken zu verteidigen. Dieses Angebot machte die

Inseln attraktiv für die Siedler. 1598 wurden auf Pag und Olib gleichzeitig Wachttürme erbaut, wobei letzterer heute das Wahrzeichen Olibs ist. Häuser wurden gebaut, gleichzeitig wurde der Boden gerodet, die Steine händisch oder mit der Hilfe der Esel ausgegraben und zu Mauern aufgeschlichtet, um Felder und Wiesen vor der Erosion zu schützen. Die Menschen waren fleißig, befolgten soziale Regeln und vermehrten sich so sehr, dass man auf den Inseln eine Hungersnot durch Überbevölkerung fürchten musste. Deshalb stoppte der venezianische Generalprovisor Emo im Jahr 1714 per Verordnung jede Neuansiedlung.

Verständlich ist, dass in einem Dorf wie Olib, auf einer kleinen Insel, alles in geregelten Bahnen laufen musste und dass sich, da bis auf den Pfarrer niemand schreiben und lesen konnte, die alten Traditionen von Generation zu Generation erhalten haben. Und dazu gehört eben, dass Männer Männerarbeit verrichten und Frauen Frauenarbeit, dass Männer außer Haus und Frauen im Haus zusammenfinden. Diese Art zu leben hielt sich bis in die Gegenwart, nur gibt es keine Felder mehr, die zu bebauen sind, es gibt keine zahlreiche Kinderschar mehr, für die man kocht, es gibt Haushaltsmaschinen und deshalb ist den Frauen langweilig. Den Männern nicht, weil sie Boot fahren, jagen und fischen.

Ein paar Mal im Jahr gehen sie auf Kaninchenjagd. Dann fahren sie auf eine der kleinen umliegenden Inseln, zum Beispiel nach Morovnik. Nach mehreren schroffen Abweisungen durch Männer, die sich, wie es sich herausstellte, dazu gar nicht befugt sind, habe ich, sieben Jahre nach meiner Ankunft, den Chef der Jagdgesellschaft »Kunić« (»Kaninchen«) um Erlaubnis gebeten, doch einmal auf die Jagd nach Morovnik mitzudürfen. Nicht mit dem Gewehr, obwohl ich einen Jagdschein habe, sondern mit dem Fotoapparat. Und zu meinem Erstaunen sagte er Ja. Es war im Oktober und früh am Morgen fuhren wir in den Booten los. Als wir, ein Boot nach dem anderen war angekommen, in Morovnik an Land gingen, waren schon einige Jäger da und hatten ihre Position eingenommen. Morovnik ist ein wenige Hektar großes, rundes Eiland, umgeben von einem Saum aus weißem Kalk und schwarzem Seetang und türkisblauem Meer. Wir waren siebenundzwanzig und ich die einzige und erste Frau, die mit den Jägern je gemeinsam dort war. Das Inselchen ist flach, mit Büschen und verfilztem Gras bewachsen und durchlöchert vom Bausystem der Kaninchen. Die hockten unter den Grasbüscheln, bis wir kamen. Was nun folgte, war eine klassische Treibjagd, ich glaube es heißt auch »Riegler«, denn wir, die neu Angekommenen, riegelten gemeinsam mit den Treibern ein Areal ab und durchkämmten Stück für Stück die Insel. Bald pfiffen die Schrotkugeln durch die Gegend und ich sah einige Tiere, die wegen des Lärms vor Schreck umfielen und liegen blieben. Die meisten wurden aber von den Kugeln getroffen, und schon nach zwei Stunden war die Jagd zu Ende. Die Jäger legten eine Strecke. 280 Tiere lagen da, und 27 Männer teilten sich die Beute brüderlich. Da spielte es keine Rolle, wer der Schützenkönig war, das Gesamtergebnis zählte und nach dem wurde die Beute geteilt. Ein jeder bekam gleich viel Stück, auch ich bekam meine zehn Kaninchen für die Tiefkühltruhe. Noch auf der Insel weideten ein paar der Jäger die Tiere aus, blitzschnell und gekonnt. Danach fuhren wir heim. Zu Mittag gab es dann ein gemeinsames Essen im Dorfwirtshaus; es gab ein herrliches Gulasch aus wilden Ziegen, die man bei einer andern Jagd auf einer anderen Insel erlegt hat. Der Wein floss in Strömen, Witze wurden gemacht, auch solche, die ich, Gott sei Dank, nicht verstanden habe, es wurde gesungen, und die großen Jungs hatten ihren Spaß. Als es zu laut wurde, verdrückte ich mich nach Haus. Drei Stunden später kam mein Nachbar Frane vorbei, er hatte es mir ja beim Mittagessen versprochen, dass er mir beim Ausbalgen helfen wollte. Und er hielt Wort, auch wenn er nicht ganz nüchtern war. Deshalb kam, ein Viertelstündchen später, als Frane schon emsig beim Abhäuten war, seine

Frau nach, zur Kontrolle. Sie haben ein schönes Leben, die Männer auf unserer Insel! Bei ihnen gibt es immer eine handfeste »action«. »Männersachen« sind einfach interessanter als Weiberdinge, weil sie Abwechslung in den Alltag bringen, Abenteuer und Überraschung und nicht den alltäglichen Kleinkram.

Spargelzeit

Während meiner Kurzvisiten wohnte ich bei Krešimir und seiner Mama als Pensionsgast. Sie hatten ihr schönstes Schlafzimmer mit dem glanzlackierten viertürigen Kleiderschrank, dem breiten Doppelbett, den Spitzenvorhängen und dem großen Marienbild für mich frei gemacht. Ich benutzte sogar ein eigenes Bad, mit einer Heizspirale über der Tür. So behielt ich auch an kühlen Frühlingstagen zumindest einen heißen Kopf.

Mutter und Sohn kochten traditionell und herzhaft, gegessen wurde pünktlich. Marijušica hält ein strenges Regiment. Meist gab es einen Lammsuppentopf, das Inselhauptgericht. Fleisch und Knochen werden zerteilt und mit Karotten, Sellerie, Petersilie und Zwiebeln gekocht. Die Suppe servierte Krešos Mama meist mit kleinen, reisähnlichen Nudeln. Zum Fleisch, man darf die Knochen abnagen, gab es zerstampfte Erdäpfel und grünen Salat. Rot- oder Weißwein aus eigener Kelterung stand, in die obligaten Plastikflaschen abgefüllt, immer auf dem Tisch, er wurde mittags wie abends gewässert. Fisch gab es seltener, denn die Cukars sind keine Fischer, sondern Bauern. Mit der Zeit wurde das köstliche Lamm, das nur Muttermilch trinkt und zarte Inselkräuter frisst, zu etwas Alltäglichem. Deshalb erinnere ich mich vor allem an ein Huhngericht, das es ein einziges Mal gab; es war das beste Huhn, das ich je aß, ein »Coq au vin auf Inselart«. Es wurde auf einer Schicht roher Kartoffeln, die mit reichlich Olivenöl und Weißwein getränkt waren, mit Lorbeerblättern, Zwiebeln, Petersilie und Rosmarin unter der Tonhaube in der Glut gebraten. Diese Tonhaube wird »peka« genannt, ihr Gebrauch scheint auf die Zeit der Illyrer und Römer zurückzugehen und bestätigte mich in dem Glauben, dass das Einfachste oft das Beste ist.

Zum Nachtisch gab es meist gekaufte Kekse, eine Art staubtrockene Riesenvanillekipferl, von denen der Greißler im Dorf immer welche auf Vorrat hat. Es gab auch Orangen von den zwei Bäumchen aus dem eigenen Garten und zum Fisch Zitronen.

Marijušica erntet sie im Winter und bewahrt sie an einem kühlen Ort auf. Der ist bei ihr das sogenannte »schöne Wohnzimmer«, in dem auch die Tiefkühltruhe steht. An diesem Ort halten sich die Zitrusfrüchte monatelang. Die Zitronen werden zum Kochen verwendet, aber auch als Kosmetikum. So reibt sich Marijušica gerne die Hände, aber auch die Ellbogen mit Zitrone ein, das reinigt und macht die Haut weich.

In größerer Zahl werden Orangen- und Zitronenbäumchen auf Olib nicht angebaut, weil die Insel doch sehr der kalten Bora ausgesetzt ist; im Süden, rund um Dubrovnik und auf den süddalmatinischen Inseln, gibt es viel mehr Zitrusfrüchte. Ich weiß es deshalb sehr zu schätzen, wenn mir eine Olibska eigene Orangen oder Zitronen schenkt. Sie hat meist ein Bäumchen an einem vor dem Wind geschützten Ort, das meist übermäßig trägt. Die eine hat dünnschalige, saftige Früchte anzubieten, die andere solche mit wenig Fruchtfleisch und dicken Schalen, die man dann reibt und für Mehlspeisen verwenden kann oder sogar kurz kochen, in Zucker wälzen und im Ofen langsam kandieren.

Beim Umbau gab es keine bösen Überraschungen; dass er um ein Drittel teurer als veranschlagt wurde, war bei einem alten Haus abzusehen gewesen. Schuld daran war das Dach, das ich beim Kauf für in Ordnung hielt. Es sah so schön rot und so neu aus und ließ auch von der Untersicht der intakten Balken nicht darauf schließen, dass es schadhaft war. Als aber einer der Arbeiter durch eine Luke auf das Dach stieg, um es zu überprüfen, stellte er fest, dass die Ziegel zwar schön rot, aber brüchig waren. Ob es nun die salzige Luft war oder eine schlechte Qualität, die dieses Dach, das in den siebziger Jahren neu gedeckt wurde, ruiniert hatte, weiß ich nicht. Es musste jedenfalls neu gemacht werden – mit Tondachziegeln aus Österreich.

Welche Firma auch immer Ziegel nach Dalmatien verkauft, sie kommt sicher groß ins Geschäft. Grund dafür ist die dalmatinische Bauordnung, die für Einfamilien- und Appartementhäuser zwingend ein rotes Satteldach vorschreibt. Von oben gesehen ist das urbane Dalmatien deshalb eine rote Ziegeldachlandschaft. Wer anders baut, baut gegen die Vorschrift. Das kann zu Komplikationen führen. Edeltraud, die Immobilienfrau, hat mir erzählt, dass ein deutscher Kunde, der sich am Strand von Dugi Otok verwirklichen wollte und einen Kubus ohne Dach hinstellte, damit die größten behördlichen Schwierigkeiten hat. »Ich habe aber viele Häuser ohne rotes Dach gesehen«, wandte ich ein. »Ja«, meinte sie darauf, »das ist ein bekanntes Problem. Einheimische werden nicht kontrolliert, Ausländer schon.« Das finde ich gut so. Aber vielleicht fällt den kroatischen Baupolitikern und den Beamten auch mal etwas anderes als die Ziegeldachverordnung ein, zum Beispiel die Einschränkung von Einfamilienhaus-Wildwuchs! »Zwischen Split und Makarska sind bereits fünfundsechzig Kilometer Küste verbaut«, stand unlängst stolz in der an der Küste beliebten Tageszeitung »Slobodna Dalmacija« (Freies Dalmatien). Über den Bauboom bildet sich eben jeder seine eigene Meinung.

Im März fing auf der Insel auch die Spargelzeit an. In diesem Jahr gab es besonders viel zarten grünen Spargel, weil es ausreichend geregnet hatte.

Der grüne Wildspargel, den es überall auf den Märkten Dalmatiens und an den Ständen am Straßenrand zu kaufen gibt, ist neben dem kultivierten Mangold das wichtigste Grüngemüse der kargen Landschaft. Er eignet sich sehr gut zum Tiefkühlen. Man findet ihn überall, auf aufgelassenen oder ungepflegten Weiden, auf Lichtungen in der Macchia, in verwilderten Gärten, am Wegesrand. Man isst die grünen Sprossen des Wildspargelstrauchs, der ganz Dalmatien mit seinem dornigen Gebüsch überzieht. Wildspargelgemüse ist in Wirklichkeit ein Armeleuteessen und gar nicht exklusiv.

Die grünen Sprossen des Spargelstrauchs wachsen von März bis Mai, in geringer Menge manchmal auch im Oktober, dem zweiten dalmatinischen Frühling. Wann die Spargel sprießen, hängt weniger von der Intensität der Sonne ab als vom Regen. Erst nach einem Regen sprießen sie förmlich sichtbar aus den stacheligen Sträuchern. Zieht man Handschuhe an, kann man in die Sträucher greifen, ohne sich zu verletzen.

Knickt man die Sprossen an der Sollbruchstelle ab, dann gibt es keine holzigen Stängel, sondern der ganze Stängel ist zart. Am besten isst man sie gleich; je frischer sie sind, desto zarter sind sie. Will man sie bis zum nächsten Tag aufbewahren, so gibt man sie wie Blumen in einen Krug mit frischem Wasser; will man sie einfrieren, so bündelt man sie mit einem Zwirn, blanchiert den zarten Teil und konserviert sie in Portionen.

In Dalmatien werden die grünen Spargel traditionellerweise mit Olivenöl, Zitrone und hartgekochten Eiern zu einem warmen Salat abgemacht. Oder man geht völlig respektlos mit ihnen um. Dazu werden geschälte Kartoffeln gekocht und zehn Minuten vor dem Garwerden die Spargel dazugegeben. Außer Spargel gibt es auf den Frühlingswiesen noch andere essbare Wildgemüse: wilde Zwiebeln, Bärlauch, Breit- und Spitzwegerich, Portulak und Gundelrebe. Man vermengt die Wildgemüse mit zerstampften Erdäpfeln, Salz und Olivenöl zu einem Gatsch und isst ihn als »große Beilage« zu einem kleinen Stück Fleisch. Die Garzeit der Wiesenpflanzen ist unterschiedlich. Darum gibt man sie auch nicht alle zugleich in den Kochtopf; die Erfahrung zeigt, welches Grünzeug als erstes an die Reihe kommt.

Entlang der Küste blühte die blaue Iris. Auf den Lichtungen in der Macchia wuchsen die Zyklamen. Ich pflückte Zyklamen, Lilien und Zistrosen, die wilden kleinen Orchideen ließ ich stehen. Bepackt mit bunten Sträußen kehrte ich heim, um die Blumen in Vasen und Marmeladegläsern zu arrangieren, was bei den Einheimischen aber keinen großen Beifall findet. Wer etwas auf sich hält, kauft seine Blumen, eingepackt in Zellophan, in der Stadt.

Aus Landratten werden Seebären

Helmut Racic, mein Kärntner Hausarzt, hat wie so viele Österreicher Wurzeln am Ufer der Adria. Er brachte mir bei einem Besuch auf Olib ein altes Büchlein mit, das seinem Großvater gewidmet ist – es heißt: »Verlorener Strand«, Autor ist der österreichische Marineoffizier Erich von Kunsti. Er beschreibt, wie es dazu kam, dass die Österreicher Seefahrer wurden und dass die Dalmatiner die besten österreichischen Marinesoldaten waren. Ich glaube, dass die vielen österreichischen Segler, die vor allem im Mai und im Juni an Kroatiens Küste kreuzen, direkte Nachfolger dieser Marinesoldaten sind.

Es brauchte über hundert Jahre, dass aus österreichischen Landratten Seebären wurden.

Schon um 1750 hätte Kaiserin Maria Theresia eine Kriegsflotte gebraucht, um die Seefahrt der Erbländer im Mittelmeer vor Seeräubern zu schützen; für eine Flotte fehlte ihr aber das Geld. Die Triester Kaufleute zogen es vor, ihre Waren auf die Schiffe fremder Nationen zu verfrachten und abzuwarten. Erst fünfzig Jahre später kam Österreich doch noch zu einer Flotte, durch Zufall. Kunsti schreibt: »Nach dem Frieden von Campo Formio im Jahre 1797, der den Zusammenbruch der Republik Venedig besiegelte, wurde die Lagunenstadt von den k. u. k. Truppen besetzt. Dort fand man eine Flotte vor, und so wurde Österreich eine Seemacht. Napoleon hatte allerdings noch vor dem Friedensschluss Venedig besetzen lassen und den Kern der venezianischen Flotte in Besitz genommen. Immerhin waren noch zehn Linienschiffe, fünf Fregatten und eine Anzahl von Galeeren, Galeoten, Feluken und Schaluppen übrig geblieben. Viel später noch war diese Abstammung der k. u. k. Kriegsmarine unverkennbar. Das Offizierskorps bestand zum größten Teil aus Italienern, die Dienstvorschriften waren von der venezianischen Flotte übernommen worden, und bis um das Jahr 1850 war auch die Dienstsprache Italienisch.«

Von 1822 bis 1824 führte die österreichisch-ungarische Flotte die erste systematische Vermessung der ostadriatischen Gewässer durch. Vier Seefahrtskarten sowie der nautische Führer »Portolano del Mare Adriatico« waren die ersten Publikationen. 1860 wurde das k. u. k. hydrografische Institut der österreichisch-ungarischen Marine gegründet, das bis heute tätig ist. (Der Nachfolger des Institutes ist in Split stationiert.)

Danach wurden die Österreicher, auch dank ihrer italienischen und kroatischen Besatzung, sogar zu einer berühmten Seemacht. Die Schlacht bei Lissa/Vis ging in die Seegeschichte ein.

Am 20. Juli 1866 führte Admiral Wilhelm Tegethoff im Krieg der Donaumonarchie gegen Italien und Preußen die österreichische Flotte zum legendären Sieg über die Italiener.

Vis, früher Lissa und bei den alten Griechen Issa genannt, war seit der Antike die strategisch bedeutendste Insel in der Adria.

Die italienische Flotte unter Admiral Conte Pellione di Persano wollte die Feste Lissa erobern. Von Hvar her näherte sich die österreichische Flotte unter Admiral Tegethoff, die zahlenmäßig den Italienern weit unterlegen war (sieben Panzerschiffe auf österreichischer, elf auf italienischer Seite). Tegethoff war dennoch zum Angriff bereit. Er hatte aus Wien aber keinen Befehl, sondern nur eine telegrafische Empfehlung erhalten, die auf typisch Österreichisch lautete: »Den Feind nicht angreifen, im Übrigen nach eigenem Ermessen handeln.« Woraufhin Tegethoff eine Flagge hisste, auf der stand: »Den Feind anrennen und zum Sinken bringen.«

Nacheinander vernichteten die Österreicher dank ihrer überlegenen Taktik die stärkeren italienischen Schiffe. »Ferdinand Max« rammte das Flaggschiff »Re d'Italia«, das Panzerschiff bohrte sich in den Grund. Diesen Verlust scheinen die Italiener, eine traditionelle Seefahrer-Nation im Gegensatz zu den Österreichern, schwer überwunden zu haben. Denn 52 Jahre später sollten sie am Ende des Ersten Weltkriegs die gesamte österreichische Flotte versenken, und zwar bereits nach dem Waffenstillstand, sodass die Kroaten, denen die schönen Schiffe, zum Beispiel die »Viribus unitis«, von den Österreichern übergeben worden waren, leer ausgegangen sind.

Die Schlacht von Lissa ging, nach Trafalgar, als größte Seeschlacht des Jahrhunderts in die Geschichte ein. Dreißig Prozent der beteiligten k. u. k. Seesoldaten und zehn Prozent der Offiziere waren dalmatinische Kroaten. Aus Siegesfreude und weil er es seiner Mannschaft schuldig war, richtete der General an Bord der »Kaiser« für alle ein Festbankett aus. Aus Wien bekam er deshalb anstatt Lob Rügen, weil das Fest zu teuer war. Missgünstige Hofräte zogen den General zur Rechenschaft. Das nahm der sich so zu Herzen, dass er seinen Rücktritt einreichte. Er starb 44-jährig und soll im Delirium immer noch von Budgetzahlen fantasiert haben.

Nach dem Seesieg setzte an der Küste der wirtschaftliche Aufschwung ein. Dalmatinische und internationale Gesellschaften investierten in den Schiffsbau, Handwerker und Seeleute bekamen wieder Beschäftigung. Im Süden und in Mitteldalmatien betrieb man die Hochseeschifffahrt, in Norddalmatien eher die Küstenschifffahrt. 1865 wurde auf der Halbinsel Pelješac eine Schifffahrts-AG gegründet, die über 33 Hochseeschiffe verfügte. Um diese Zeit kreuzten über zweihundert Hochseeschiffe von Reedereien aus Split und Dubrovnik (Ragusa) auf den Weltmeeren. Die Kapitäne ließen sich, besonders in der Region Dubrovnik, hübsche Villen bauen und kleine Parks anlegen; sie trugen wesentlich zum Charme der Landschaft bei, die mit ihren Agaven und den Palmenalleen einen ausgeprägten mediterranen Charakter hat.

Ab 1880 allerdings wurde die internationale Konkurrenz der Dampfschifffahrt spürbar. 1896 besaß Split kein einziges Hochseeschiff mehr, und nur Dubrovnik (Ragusa) konnte eine bescheidene Dampferflotte halten.

Die öffentliche Küstenschifffahrt veränderte den Alltag der Menschen: Inselbewohner waren nicht mehr isoliert, und auch die einfachen Leute wurden mobiler.

Ab 1885 nahmen die Dampfer der k. u. k. Linien des staatlichen österreichischen Lloyd, der privaten »Ungaro-Croata« und kleinerer Unternehmen die Linienschifffahrt auf. Von Triest und Fiume/Rijeka bis nach Ragusa/Dubrovnik und Cattaro/Kotor verkehrten nun regelmäßig Linienschiffe. Sie brachten Urlauber und Touristen in den Süden, sie brachten Inselbewohner mühelos in die Städte und auswanderungswillige Dalmatiner in den nächsten Überseehafen. Vom Ende des 19. Jahrhundert bis zum Ausbruch des Ersten Weltkriegs erlebte das Küstenland eine Blüte. Dazu mag auch die grenzenlose Reisefreiheit in der Monarchie ihren Beitrag geleistet haben. Ab 1895 nahm der Tourismus einen ersten zarten Aufschwung, wozu die Bahnlinie von Wien nach Triest, Pula und Fiume/Rijeka den größten Teil beigetragen hat.

Der Adel stieg in den mondänen Badeorten im Norden, in Brioni, Lussingrande, Lussinpiccolo und Abbazia ab (damals verwendete man die italienischen Ortsbezeichnungen); die weniger betuchten Offiziersfamilien gaben sich mit den Inseln Veglia und Arbe und den vielen aufstrebenden kleinen Badeorten entlang der dalmatinischen Küste zufrieden. Nicht jeder wollte und konnte sich Luxushotels leisten, sondern man bevorzugte die von einer österreichischen Offizierswitwe geführte Familienpension, wo es neben familiärer Atmosphäre Wiener Schnitzel, Apfelstrudel und dalmatinischen Wein gab. Individualreisende zogen das unberührte Mitteldalmatien dem Rummel im Quarnero (Kvarner) und auf den Luxusdampfern vor. Einfache und billige kleine Hotels wurden gebaut, Tourismusgesellschaften errichteten preiswerte Touristenheime, Klöster und Pfarrhäuser boten einfache Unterkünfte. Und auch die einheimische Bevölkerung lernte schwimmen.

Ab 1880 wehte die österreichische Flagge sogar auf den Weltmeeren. Und die Dalmatiner machten Karriere. 1910 lief Kadett Erich Kunsti mit der »Kaiser Karl VI.« auf einer Weltreise, die eine Art Inspektionsreise zu den österreichischen diplomatischen Vertretungen in Übersee war, in Buenos Aires ein. »Auffallend war, dass fast jeder Dampfer bis zum kleinsten Schlepper das große M auf dem Schlote führte, das Abzeichen der Mihanović-Line, der weitaus größten Reederei Argentiniens und ganz Südamerikas. Alleiniger Besitzer war Señor Mihanović, ein ehemaliger Dalmatiner Matrose. Obwohl er angeblich weder lesen noch schreiben konnte, war er damals österreichisch-ungarischer Generalkonsul und hat uns während unseres Aufenthalts in Buenos Aires wahrhaft großzügige Gastfreundschaft erwiesen.«

Die Zeit auf den österreichischen Schiffen war wie ein fortwährender Törn mit angenehmen Landaufenthalten. »Bei den Landgängen bot sich uns in den kleinen Hafenorten Dalmatiens ein reizvolles Bild: Kaffeehaustische auf der Riva unter von Mücken umschwärmten Bogenlampen, hell erleuchtete weiße Häuserfronten, schmale Seitengassen, die das Dunkel verschlingt. Sterne spiegeln sich im tiefschwarzen Meer, das leise an den Steinquadern des Molos plätschert. Auf der Riva promenieren schwarzhaarige schlankbeinige Mädel Arm in Arm, das

Spitzentuch um die Schultern. Vielleicht nahm man einen Blick mit oder ein schüchternes Lächeln, an das man noch lange denken konnte.«

Dubrovnik, das die Österreicher immer noch Ragusa nannten, schien von weißen Uniformen übersät. In den Gastwirtschaften und am Stradone beherrschten Offiziersuniformen und »gewisse« Damen das Bild. »Meist sind sie über die erste Blüte hinaus und unterhalten sich angeregt. Sie stammen aus Wien, Budapest oder Prag und tauchen mit rührender Regelmäßigkeit in allen Häfen auf, wo gerade die Eskader vor Anker liegt. Wir nannten sie Küstenwitwen.«

Am schönsten fanden es die Österreicher aber in der Bucht von Kotor, dem südlichsten Zipfel der Monarchie (Kotor liegt heute in Montenegro). Dort wohnte man in ländlichen Villen, trank Rotwein, spielte Bridge oder Schach, lernte in den ersten kleinen hölzernen Flugzeugen per Wasserstart fliegen und reiste ab und an nordwärts.

Auf einem Torpedoboot, das, so Kunsti, keine Torpedos an Bord hatte, führte die Mannschaft ein herrliches »Zigeunerleben«. Es fuhr nach Norden, war in Mortar (Murter) und hielt Kurs auf Lussinpiccolo (Mali Lošinj). Und so war das Leben an Deck: »Einer hockt mit Farbtopf und Pinsel am Vorderdeck und bessert mit liebevoller Hingabe und viel zu viel Farbe den Anstrich aus. Ein anderer bearbeitet mit Putzwolle und Fett den Verschluss einer Kanone, die im Verein mit einer zweiten unsere gesamte Artilleriemacht darstellt. Aus der Maschinenluke taucht ein schwarzes, zähnefletschendes Ungeheuer auf. Es ist der Kopf des Heizers, der nach frischer Luft schnappt. Ich sitze, sehr mangelhaft bekleidet, auf der Bank hinter dem Kommandoturm, blicke in den blauen Himmel und atme den Duft von Meer, Macchia und eines frisch gefangenen Branzins [Seebarsch], der hinter mir in der Pfanne schmort. Ich freue mich auf Lussin. Denn dort wohnt Erzsi, ein wundervolles Mädchen aus Budapest.«

Zu den Inseln Dalmatiens entwickelten »die Österreicher« eine besondere Beziehung: »Wir betrachteten sie als unseren ureigensten Besitz, wahrscheinlich darum, weil sich ja sonst niemand um sie kümmerte. Wir vertrugen uns mit ihrer Bevölkerung weit besser als mit der Bevölkerung in den größeren Hafenstädten. Der Pfarrer von Curzola [Korčula], bei dem es das gute Essen gab, war unser Freund. In Orebić, dem Ruhesitz der alten Handelskapitäne, bekam man den besten Refosco, und in Lissa öffneten sich uns die gastlichen Häuser der Dojmi und Topic. Es gab aber auch Häfen und Buchten, die so gottverlassen waren, dass unsere Bootshunde dazu herhalten mussten, die Zeit totzuschlagen. Man versammelte z. B. die ganze Flottillenmeute am Molo und band jedem Hund einen Luftballon an den Schwanz. Am Molo von Sebenico [Šibenik] veranstalteten wir ein Hunderennen. Die Konkurrenten sind in einer Reihe aufgestellt und werden von ihren Herren gehalten, hundert Meter weiter ist das Ziel, eine Extrawurst. Wetten wurden abgeschlossen, dann ging es los. Am Abend versammelte man sich dann auf einem der Boote und vertilgte Patina, den Dalmatiner Rotwein, in beträchtlichen Mengen. Das war ein Jahr vor dem Krieg. Mit keinem Gedanken dachten wir daran, dass diese Inseln und Küsten einmal nicht uns gehören könnten und dass dieses Leben trotz aller Beschränkung und Einfachheit ein Herrenleben war, das es bald nicht mehr geben sollte.«

Fünfzehn Jahre nach dem Krieg schreibt der k. u. k. Marineoffizier in Wien: »Ich bin ein Städter geworden, wie Millionen andere, denen Büro, Kino und Kaffeehaus die Welt bedeuten, die sich für außerordentlich wichtig halten und gewiss mit keiner Sentimentalität belastet sind. In mir ist eine Leere geblieben, und ich weiß, dass es allen so geht, die ihre unbekümmerte Jugend an der Adria verbracht haben und später unter der rotweißroten Flagge gedient. Nicht die Trauer um die vergangene Jugend, sondern das Wissen um das Verschwinden einer Welt, die unwiderruflich verloren gegangen ist, als am 31. Oktober 1918 die k. u. k. Flagge das letzte Mal von den Masten unserer Schiffe sank.«

Rund ums Einstandsfest

Das Haus wurde mit einer Party eingeweiht. Ich legte rechtzeitig einen Termin fest, einerseits damit die kleine Schar österreichischer Freunde die Anreise planen konnte und andererseits um dem Bauleiter einen fixen Termin für die Fertigstellung zu geben, ein erreichbares Ziel. Die zeitliche Zielvorgabe, gemeinsam mit einem erst zwei Tage vor dem Eintreffen bekannt gegebenen Kontrollbesuch, hat sich als Instrumentarium zur erfolgreichen Umbautätigkeit an der Küste bewährt. So gingen im Mai 2002, als die Wiesen auf der Insel saftig grün waren und in den Lichtungen der Macchia die Orchideen blühten, bei der Vordertür die Gäste herein und bei der Hintertür die Arbeiter hinaus. Die Kärntner und die Tiroler nahmen die Küstenstraße Rijeka–Zadar, die Wiener kamen über Graz und Zagreb auf die Insel Pag, wo wir im Jachthafen von Šimuni ein Ausflugsboot gechartert hatten, das sie nach Olib brachte. Kurz vor dem Einstandsfest hatte ich noch alle Hände voll mit dem Auspacken der Möbel zu tun, kochen war nicht drin. Krešimir vermittelte mir deshalb einen »Partyservice«, zu dem außer ihm selber noch ein Koch und zwei Helfer gehörten. Wir besprachen die Speisefolge, ihre Zusammenstellung war einfach. Als Vorspeise, aber auch zur Jause würde es Inselkäse, gebackene Oliven und dalmatinischen Schinken geben, danach Lamm, das Hauptprodukt der Insel. Die Männer kochten vor, lieferten an, deckten die Tische und servierten, zwei Tage lang. Die Organisation übernahm Laura, die Studentin. Es funktionierte perfekt. Die Männer kochten vorzüglich, das Lamm gab es in allen Variationen, als Suppe, als Suppenfleisch und als Gulasch. Dazu Nudeln, Kartoffeln und Salat. Der Rotwein war süffig, der weiße nicht. Köstlich schmeckten die überbackenen Topfenpalatschinken, gefüllt mit cremig mildem Topfen vom Schaf und aromatisiert mit der Schale der Inselzitronen. So gut hatten meine Gäste, wie sie beteuerten, schon lange nicht mehr gegessen. Und hatten damit durchaus Recht. Auf den Inseln ist die Küche zwar nicht abwechslungsreich, aber dafür echt. Sie lebt von der Güte der frisch gefangenen Fische und der Lämmer, die ihre Milch von den Mutterschafen trinken, die feine Kräuter fressen; von den Kartoffeln, die bei Bedarf ausgegraben werden und die nirgendwo besser sind als hier; von kräftig schmeckenden Küchenkräutern, von sonnengereiftem Gemüse und süßem, geschmackvollem Obst.

Das Essen bereitete auch dem Herrn Pfarrer sichtliches Vergnügen. Er reiste im Papamobil, chauffiert von seinem Bruder, zu gegebener Zeit an, um das Haus zu segnen. Nach dem feierlichen Akt gab es ein kleines Konzert von Freunden, und so wurde auch das Pianino, das aus einem Wiener Gasthaus stammt, eingeweiht. All die Möbel, die sich im Laufe der Jahre in meinem Wiener Dachboden oder im Kärntner Haus meiner Mutter angesammelt hatten, wurden bestaunt. Im Rahmen eines ländlichen mediterranen Steinhauses machen sie sich tatsächlich viel attraktiver als in einer Stadtwohnung aus, vom Kristallluster bis zur ausrangierten Verandabank. Kombiniert habe ich sie mit Einbaumöbeln aus einem skandinavischen Möbelhaus, transportiert wurde alles mit sündteurer Verzollung und Schikanen an der Grenze zwischen Slowenien und Kroatien drei Tage vor dem Fest per Spedition von Österreich in den Süden, per Lastwagen und Schiff.

Die Erwachsenen, die Jugend, aber auch die kleineren Kinder amüsierten sich köstlich auf unserem Fest. Sie spielten mit den bunten Nachtschwärmern, die wie Torpedos durch die Zimmer brummten und sich mit Vorliebe auf Kinderwangen setzten. Dort saßen die bunten Pelztierchen, kitzelten und machten Spaß. Die Größeren hingegen gingen auf die Jagd nach größeren Tieren und wurden fündig. Von Krabben, Schnecken und Muscheln am Strand bis zu Eidechsen, Schlangen und Skorpionen rund um das Haus fingen sie den Reichtum der Inselfauna ein. Besonders die Skorpione haben sie fasziniert, und so traten, in Zündholzschachteln eingefangen, mehrere dieser dalmatinischen Exemplare die Heimreise nach Österreich an.

In Dalmatien gibt es zwei Skorpionarten: den italienischen Skorpion »Euscorpius Italicus« und den »gelbschwänzigen« Skorpion »Euscorpius flavicaudis«. Beide werden bis zu fünf Zentimeter groß, und im Frühjahr, wenn man sie zum ersten Mal sieht, sind sie winzig klein. Skorpione sind lebendgebärend. Sie leben gerne in Steinmauern, unter Steinen, in Brennholzstößen, aber auch in einem Haus, das in der Natur steht – so wie meines. Ich fand sie schon auf einem Pullover, am Boden im Vorzimmer, an der Wand in der Küche. Einmal hängte ich ein T-Shirt über einen Stuhl, es hing einige Tage dort, bis ich es wieder in die Hand nahm. Komisch, dachte ich, als ich das rote T-Shirt betrachtete, was das für ein neues Label hat, einen Skorpion! O ja, es war ein echter, aber das merkte ich erst, als das Tier zu kriechen begann. Seither beutle ich herumhängende Kleider aus, bevor ich sie anziehe, und drehe meine Schuhe um, bevor ich hineinschlüpfe. Auch setze ich mich nachts nicht auf die Steinmauer, die mein Haus umfriedet. Sollte mich dennoch einer einmal stechen – ihr Stich ist angeblich harmlos und soll etwa die Wirkung eines Wespenstichs haben.

Das am weitesten verbreitete Amphibium Dalmatiens aber ist die Smaragdeidechse, ein Begleiter auf Schritt und Tritt. Sie ist flink, lustig, ein richtiger Mini-Dinosaurier, der besonders den Kindern viel Freude macht. Er macht Männchen, er kämpft einen fairen Zweikampf mit einem Artgenossen und er plustert sich auf, wenn er balzt.

Und auch die Wechselkröten sind bei den Kleinen beliebt. Sie sind die in Dalmatien am häufigsten vorkommende Krötenart, Steppenkröten, die der Farbe der Landschaft angepasst sind. Bei uns sind sie hellbraun bis graugrün. Sie leben in Gängen in der Erde und kommen in der Trockenheit nur nachts zum Vorschein. Nach einem Regen bevölkern sie auch tagsüber den Boden und verwandeln Olibs Gärten und Wege in ein Kröteneldorado, in dem sie tollpatschig herumhüpfen und sich dabei bewundern lassen.

Auch andere Tiere begleiteten meinen Inseleinstand. Die Nachtigallen schlugen zum Gesang der Zikaden, und die Möwen kreischten mit den Kolkraben um die Wette. Diese riesigen Raben »kolken« laut, es klingt freundlich und angenehm. Mit dem Anwachsen der Müllberge wuchs auch ihre Zahl, leider auch die der Mäuse und Ratten, die von den Speiseresten dick und fett wurden. In der Mitte der Insel befand sich bis 2005 eine wilde Mülldeponie, die von Jahr zu Jahr größer wurde. Der Müllmann, der die wenigen Mülltonnen im Dorf leerte, brachte alles dorthin, vom Plastik zu den Speiseresten. Deshalb zog diese Mülldeponie Unmengen von Ratten, Krähen und Möwen an, was das einzig Positive an dem Ganzen war, weil sich die Tiere nicht im Dorf aufhielten. Rund um die Deponie sah die Landschaft katastrophal aus, denn der Wind wirbelte all die Plastiksäckchen und Folien in die Luft, die sich in den Büschen und im Gestrüpp verfingen. Die Sträucher und Bäume der Insel trugen deshalb seltsame Plastik-Blüten. Der Müll wurde dann weiter aufs Meer hinausgeblasen, und von dort kehrte er wieder nach Olib zurück. Die schönsten Strände und Buchten der Insel waren deshalb voller Dreck, an einigen Stellen konnte man metertief im Plastikmüll waten. Meine Gäste wateten auch und haben die Situation mit Recht kritisiert, als Krešo und Laura sie stolz in unsere Buchten führten. Einige der Freunde sind aber wiedergekommen und sind nun voller Lob. Seit 2006 wird der Müll getrennt gesammelt und mit einem eigenen Schiff ans Festland geführt. Was man dort damit macht, entzieht sich meiner Kenntnis; ich weiß nur, dass Olib nun sehr sauber ist, auch die Strände sind vorbildlich, weil wir, von unserem neuen Bürgermeister motiviert, den Strandmüll in einer Gemeinschaftsaktion sammeln, natürlich freiwillig und gratis. Die einzigen, die die neue Sauberkeit gar nicht goutieren, sind die Krähen, die Ratten und die Möwen. Sie laufen und fliegen nun, auf der Suche nach Futter, im Dorf herum und sind nicht mehr lieb, sondern lästig.

Die erste Partynacht dauerte länger als geplant, denn bevor die Gäste in ihre bescheidenen Privatzimmer entschwanden, die wir auf der Insel aufgetrieben hatten, kehrten sie noch in Milivoijs Hafenkneipe ein, wo der findige Wirt neben trink- und untrinkbaren Spirituosen eine Tonbandsammlung aus den sechziger und siebziger Jahren anzubieten hat. Damit fühlten sich die Vierzig- bis Sechzigjährigen sichtlich wohl und feierten noch bis in den Morgen. An Milivoijs Kneipe und an seiner Tonband- und CD-Sammlung hat sich bis heute nichts geändert. Er hat damit Erfolg. Wer zu ihm kommt, findet Kontinuität, weil, wer nach Olib kommt, Kontinuität und nicht das Neue sucht.

Nach dem Fest gingen meine Gäste auch fremd. Sie speisten bei Mireille, die gerade ihr Restaurant wieder eröffnet hatte. Ich glaube, den Mai mag auch sie gerne, da sind noch die Individualisten unterwegs, und die Segler sagen sich ein paar Stunden vorher an. So hat sie Zeit, den Fisch, den die meisten hier essen wollen, vorzubereiten.

Einmal bot ich ihr an, über ihr Restaurant zu schreiben, doch sie lehnte ab. Sie möchte in keinem Restaurantführer stehen. »Aber wenn es nicht anders geht«, sagte sie, »dann schreib nur: Mireille kocht mit Butter, und zwar mit ‘plus de beurre’, mit mehr Butter!« Damit möchte sie sich, als Französin aus Paris, von der Olivenöl-Küche bewusst absetzen. Sie braucht auch keine Reklame und hat genügend prominente Gäste, die in schnellen Booten anjetten und denen man beim Erklimmen der politischen Karriereleiter zusehen kann, zum Beispiel Božidar Kalmeta, dem Bürgermeister von Zadar, der Minister für Bauten und touristische Entwicklung wurde. Beim Absturz habe ich noch keinen gesehen, aber so gut kenne ich die örtliche Politikerlandschaft nicht. Ich hoffe nur, die Politiker wissen den Luxus der gepflegten Rückständigkeit zu schätzen, und dass sie kein Großprojekt ankarren.

Nach einigen Tagen – sie hatten ihren Besuch über ein verlängertes Wochenende geplant – reisten meine Gäste in heiterer Stimmung wieder mit dem Fischerboot ab. Lange blieb ich an der Mole stehen, bis das Boot nach einer halben Stunde hinter der nördlichen Landzunge Olibs verschwand. Jetzt war ich allein. Die Warnung Michaels, des Dichters, der meinte, lang halte man es auf einer Insel nicht aus, klang nach. »Insel«, so sprach der Freund, habe etwas mit einem Zustand zu tun, mit »Isolation«. Wie Recht er hatte! Ich freute mich auf das Alleinsein.

Aber war ich wirklich allein? Nun, eigentlich nicht. Ich teilte – und teile – mein Haus mit ganz bestimmten kleinen Tieren, an die ich mich erst gewöhnen musste. Täglich verbringe ich in Summe zehn Minuten damit, Skorpione, Spinnen, Tausendfüßler, Hundertfüßler, Weberknechte, Nashornkäfer, Gottesanbeterinnen, Nachtschwärmer, Tagfalter und Motten aus dem Haus zu tragen. Nur die Moskitos, die töte ich – eiskalt.

Ich lernte mit Insekten zusammenzuleben. Sie sind immer da, jedoch kommen sie nur zu bestimmten Zeiten und in für sie besonders geeigneten Situationen zum Vorschein. Es hängt meist von der Helligkeit, der Luftfeuchtigkeit und der Temperatur ab, welche Tiere gerade unterwegs sind. Oft bringt ein ausgiebiger Regen viele von ihnen, wenn er aufgehört hat, ans Tageslicht. Andere Tiere erscheinen in Zyklen, die oft mehrere Jahre dauern. Sie treten dann massenhaft auf.

So ein Tier war im Frühjahr 2002 mein ständiger Begleiter. Es war der Eichenwickler, ein Schmetterling, der zum Leben alte Eichenwälder braucht. Als Raupe fraß er die ganze Insel kahl.

Die Tiere hatten sich schon im April angekündigt. Ich kam wie üblich mit der Fähre im Hafen an. Schon vom Meer aus konnte ich das Haus sehen. Mein Haus. Das weiße Haus mit dem roten Dach und den himmelblauen Fensterläden.

Ich ging den Weg vom Hafen zum Haus zu Fuß, Krešimir fuhr mit dem Gepäck auf dem Quad voraus. Ich spazierte am Hafen entlang, am Dorfbaum vorbei, ging durch das Kiefernwäldchen und freute mich auf mein wunderbares Haus, auf einen wie immer überraschenden Empfang. Dieses Mal war er unangenehm.

Die Fassade war voller Raupen. Unermüdlich krochen sie, eine neben der anderen, die Hauswand senkrecht hinauf. Langsam bewegten sie sich über die frischen, die sauberen, die weißen Wände ohne sichtbares Ziel. Denn sie krochen nach oben, selten nach unten, nur an den Firsten oder den Kanten abgestellter Möbel krochen sie auch quer.

»Der Weg ist das Ziel«, fiel mir ein – und die Geschichte von der Raupe Nimmersatt, aus der ein schöner Schmetterling wird.

Hoffentlich bald, dachte ich und gab mich dem Schicksal hin. Es sei keine Katastrophe, sagte der Bauleiter; die Raupen, die kommen, und eines Tages sind sie wieder weg. Doch das war erst der Anfang.

Noch wohnte ich nicht im Haus, sondern bei Krešimir Cukar, dem Einzigen hier, der fast alles weiß, was die Insel betrifft.

»Die Viecher sind zäh«, sagte er, »sie haben innen einen braunen Saft. Und der hinterlässt einen braunen Fleck, wenn man sie unvorsichtig angreift, besonders auf der weißen Wand.«

Also ließen wir die Raupen in Ruhe.

Von Tag zu Tag wurden es mehr. Manchmal krochen sie auch ins Haus hinein, und ich freundete mich langsam mit ihnen an. Krešimir sagte: »Sie sind keine Plage. Sie sind nur alle paar Jahre da. Und wenn, dann sind sie auch nicht überall. Heuer haben sie sich Ihre Gegend ausgesucht.«

Eigentlich sahen sie witzig aus. Sie waren verschieden groß, von einem bis zu drei Zentimeter lang und bleistiftdick, von langen feinen Haaren umgeben, sie hatten Büschel, die wie Ohren aussahen, und ein rundes gelbes »Smiley«-Gesicht mit zwei schwarzen vertikalen Strichen, die die »Augen« markieren. Eigentlich waren sie lieb. Und wenn sie nicht die Schwerkraft der Wände überwinden mussten und sich am Boden fortbewegten, liefen sie mühelos und blitzschnell auf ihren hundert Füßchen vorwärts im Raupengang.

Sie störten nicht weiter, zumindest nicht mich und auch nicht das Haus. Wenn sie irgendwo an einer horizontalen Kante oder am Sims angelangt waren und nicht mehr weiterkonnten, spannen sie einen langen Faden und ließen sich daran in die Tiefe ab.

Eine Plage waren sie nur in den Wäldern, in meinen grünen Städteraugen jedenfalls.

Ja, die Raupen, sie fraßen den Wald auf der Insel vollkommen kahl. Den schönen alten Eichenwald. Ich war besorgt. Und sie trieben ihr Unwesen in den Obstgärten, von denen es ohnehin viel zu wenige auf Olib gibt.

Ein Lokalaugenschein in den Gärten zeigte: Bäume von alteingesessenen Obstsorten wie Weichseln, Pfirsichen und Zwetschken wurden von den Tieren kahl gefressen. Fruchttragende Bäume und Sträucher wie Orangen, Oliven, Maulbeeren, Feigen und Zitronen schmeckten den Raupen nicht. Und sie ließen auch die Nadelbäume, die Blumen und das Gemüse unversehrt. Dass es niemand hier mit Insektiziden oder der Zucht widerstandsfähiger Apfelbirnen versucht hat, um die Plage gering zu halten, liegt in der Erfahrung der Olibaner. Aus jahrhundertelanger Beobachtung wissen sie: Die Natur erholt sich wieder, sie braucht dazu nur ihre Zeit.

So gewöhnte ich mich an die Raupen.

Denn im Mai waren sie immer noch da.

Ihre Angewohnheit, Fäden zu spinnen und sich an diesen Fäden von den unüberwindbaren Hindernissen wieder in Richtung Erde herunterzulassen, hatte Folgen. Die Spazierwege zu den Badebuchten waren unpassierbar, von den Ästen der die Wege säumenden Bäume und Sträucher hingen einem die Raupen an ihren Fäden ins Gesicht.

Im April hielt ich mich von den Wäldern und den Buchten lieber fern. Ich blieb im Dorf, saß auf der Bank vor meinem Haus und lauschte dem Raupenfraß. Was für ein Konzert! Ganz Olib war vom Knabbern und Knistern der Nager erfüllt. Fressmaschinen gleich zogen sie über fast alles, was Blätter hat, her. Ihr Nagen klang, wie wenn hunderte oder tausende Menschen gleichzeitig mit ihren Fingernägeln spielen, sie nach oben und unten bewegen, klack, klack. Deutlich hörbar fraßen sie sich durch die Stille der Insel, Tag und Nacht.

Sie bildeten das »Olib Sinfonieorchester«, zu dem sich frühmorgens die Solisten gesellten: Hahn und Kolkrabe, dann der Kuckuck, der Esel fiel etwas später ein. Die Stimmen der Singvögel füllten das Orchester tagsüber auf. Nachts schlug die Nachtigall ihre Melodie zum Knabberkonzert der Raupen.

Ende Mai war das Orchester verstummt.

Noch sah ich die Raupen die Hauswand entlang geradewegs nach oben kriechen, doch hören konnte ich sie nicht. Was sollten sie auch fressen? Es war nichts mehr da. Die Blätter der Bäume rund um mein Haus und in den meisten Gegenden der Insel waren verdorrt. Traurigbraun hingen sie am kahlen Geäst. Der Waldrand sah wie nach einem Waldbrand aus, nur die Kiefern waren grün geblieben. Und an den Skeletten der Obstbäume hingen verschrumpelte Früchte, unerkennbar in ihrer Art.

In den Wäldern lagen die letzten fetten Tierchen auf den letzten Blättern und blickten mich traurig an.

Am Haus spannen sie sich in den Ritzen der Türstöcke ein.

Die Kokons entfernten wir Mitte Juni mit dem Staubsauger. Ein letztes Mal begab ich mich auf Raupeninspektion.

Der Nordosten der Insel, dort, wo das Ufer flach ist und die Bora über den sanften Abhang stürmt, war völlig kahl, ohne Blätter, aber dort, wo die Insel am höchsten ist – stolze 64 Meter über dem Meeresspiegel –, dort in ihrem grünen Herzen ist sie grün geblieben. Dort trieben die alten, immergrünen Eichen ihre frischen, silbernen Triebe aus. Ein kleiner Vorgeschmack auf das, was zwei Wochen später auch in den Niederungen kommen sollte.

Als ich am 21. Juni wieder auf die Insel kam, traute ich meinen Augen nicht – von der Verwüstung der Wälder keine Spur. Die Bora hatte die trockenen Blätter von den Ästen gefegt, neue Blätter waren nachgekommen. Die Wälder der Insel waren in ein elegantes silbriges Grün getaucht.

Der Spuk war vorbei.

Der Eichenwickler, ein sogenannter »Schädling«, hatte sein nützliches Werk vollbracht. Er hat die immergrünen Eichen rundum erneuert und verjüngt.

Die heilige Mittagsruhe

Als meine letzten Gäste die Insel verlassen hatten, begann ich in meinem luftigen, hellen Steinhaus, in dem man rund dreihundert Quadratmeter nutzen kann, zu wohnen. Richtig zu wohnen. Ich probierte die Schlafplätze, die Tische, die Stühle aus, räumte Kästen ein und Kästen um und baute noch einige Möbel des schwedischen Möbelhauses zusammen. Diese Möbelmischung aus alt und neu, schön und praktisch, hätte ich in einer Stadtwohnung nie untergebracht, auch nicht in einer großen. Und vor allem nicht die voluminösen Diwane und massiven Tische. Aber hierher passten sie, besonders ein Erbstück, ein barocker Ohrenfauteuil, der, seit er das Schloss, in das er einmal gehörte, verlassen hatte, sein Leben auf dem Speicher verschlief. Jetzt wurde er wie Dornröschen wachgeküsst, fand den zentralsten Beobachterposten im ganzen Haus und ist seither heiß begehrt – von Besuchern, Kindern und Katzen und von mir selbst gleichermaßen. Auch in dem Moment, als ich erstmals ganz allein in meinem Haus war, setzte ich mich in das wuchtige Polstermöbel, zog die Beine an wie der meditierende Buddha und war erfüllt von einer tiefen Zufriedenheit.

Aber nach dem angenehmen Mai würde ein heißer Sommer kommen, und ich wollte noch keine Klimaanlage. Ich schaute mich um, wie es die Leute früher ohne die Errungenschaften der Technik hier gut ausgehalten haben.

Ausnahmslos hatten früher alle Fenster Läden: dichte Balken, die hier » š kure« heißen, ein Ausdruck, der vom italienischen »scuro« = finster kommt. Diese Balken sind robust und schließen so ab, dass sie keine Luft ins Haus lassen. Die etwas feinere Art sind die »grilje«, das sind Läden mit beweglichen Lamellen aus Holz. Heute werden diese Läden aus Plastik gefertigt, weil Plastik angeblich besser hält. Ich jedenfalls habe Fensterläden mit Lamellen aus Holz und verfluche sie manchmal, weil sie klemmen. Die Scharniere waren nämlich schon nach zwei Gebrauchsjahren verrostet, ich hatte sie auch nicht mit Öl geschmiert, weil es mir niemand sagte und ich nicht selber daran gedacht habe. Heute weiß ich, dass ich überall Nirosta-Bauteile hätte verwenden sollen. Aber ich wollte halt alles »auf alt« und rustikal, und das gab es nur in Eisen. Ohne diese Läden könnte ich hier im Sommer wie im Winter nicht existieren. Ich kann den Lichteinfall und die Luftzufuhr mit diesen Lamellen regulieren. Im Winter bieten sie zusätzlichen Windschutz; im Sommer, wenn es sehr heiß ist, lüfte ich am frühen Morgen – zwischen sechs und acht Uhr – das Haus und mache alle Läden und Fenster auf, sodass die frische Morgenluft gut durch das Haus ziehen kann. Gegen acht, spätestens aber gegen neun schließe ich die Läden. Das Haus ist dann innen zwar dunkel, aber es bleibt den ganzen Tag relativ kühl, ideal für eine Siesta, für die heilige Mittagsruhe! Ich habe sie nicht gekannt, als ich mein Haus umbaute und es darin ganz einfach noch kein gemütliches Plätzchen zum Schlafen gab. Aber ich habe sie bald kennen und schätzen gelernt. Sie ist das Nachspiel zu einem bürgerlichen Mittagessen, der Ausklang eines Schäferstündchens, eine Quelle der Regeneration.

Der späte Nachmittag und frühe Abend ist dem Schwätzchen unter dem Dorfbaum, dem Bocciaspiel, dem Schwarzhandel, der Nachbarschaftshilfe und anderen sozialen Verpflichtungen gewidmet, bevor man sich mit der Familie zum Abendessen und Fernsehen trifft; oder auch noch zu sehr später Stunde mit Geschäftspartnern, um Ränke zu schmieden und Pläne zu machen. Wirklich gearbeitet wird nur am Morgen und am Vormittag.

Zu Ehren der zahlreichen dalmatinischen Mittagsschläfer sei aber gesagt, dass in Dalmatien die Volksweisheit zuverlässig gilt, die da lautet: »Was bis Mittag nicht getan ist, ist nicht getan.« Vor allem im Sommer kommt man mit einer sehr kurzen Nachtruhe aus und ist nicht allein, wenn man um fünf Uhr morgens mit der Arbeit beginnt, meist auch ohne großes Frühstück. Ein Kaffee, ein Stück Brot, mehr ist morgens für einen arbeitenden Menschen nicht drin. Dafür ist der Hunger zu Mittag so groß, dass das Mittagessen noch immer die größte Mahlzeit am Tag ist. Dass sich nach Gulasch mit Nockerln, Salat und Wein Müdigkeit einstellt, ist nur zu verständlich.

Und darum habe ich es bei mir auf der Insel so eingerichtet, dass der alte Brauch des Mittagsschläfchens, wenn möglich, im Sommer eingehalten wird und dass man früh am Morgen aufsteht und nicht bis Mittag schläft. Ich scheine aber, gemeinsam mit Freunden meiner Generation, die Einzige im Haus zu sein, die sich daran hält. Die Nachtvögel aus der Großstadt schlafen gerne bis zu Mittag, frühstücken um zwölf und stellen den Haushalt auf den Kopf. Auch auf der Insel, wo man aus Tradition in der Morgendämmerung zum Fischen aufs Meer fährt und nach einem kräftigen Mittagessen um Punkt zwölf bis vier Uhr ruht.

Natürlich war im Haus nicht alles fertig geworden, die Terrasse war noch im Rohzustand. Ohne Zeitdruck ließ auch die Verlässlichkeit der Handwerker nach. Einer ging sogar in Konkurs, und ich konnte mir die geringe Anzahlung an den Hut stecken. Auch der Bauleiter, er war längst schon woanders beschäftigt, ließ sich nicht mehr blicken. Mit den Kleinigkeiten, hatte er gesagt, da werden Sie schon selber fertig! Mitnichten! Mein offener Kamin zum Beispiel, das wichtigste Utensil der dalmatinischen Küche, wurde erst nach zwei Jahren fertig, weil niemand imstande war, den Rauchfang aus Blech in der gewünschten Größe zu liefern und zu montieren. Ein jeder empfahl mir ein Provisorium, aber davor warne ich: Wer in Dalmatien etwas provisorisch machen lässt, so dass das Provisorium funktioniert, der kommt nie zum Endprodukt. Das halbe Land ist, darin sind die Herren der dalmatinischen Schöpfung Meister, deshalb ein Provisorium, das keinen stört – so sehr hat man sich schon daran gewöhnt. Auch ich. Die Türklinken einiger Türen schließen immer noch nicht, weil niemand die richtigen Schrauben hat, und auch ich bin faul geworden, weil ich es zu mühsam finde, akribisch in einem Laden in Zadar danach zu suchen. Und weil es ein anderer nicht macht, bleiben einige Türen eben offen!

»Hauptsache, es funktioniert« ist mir zu wenig, ich habe es gerne schön. Und ich zahle auch dafür. Doch das kann ich mir hier abschminken. »Wer zahlt, schafft an« – dieser Spruch gilt in Dalmatien nicht. Es ist alles ganz anders: Wer Abhängigkeiten schafft, ist der wahre Meister!

Wir haben so einen Meister auf der Insel, Herrn Marko. Er ist geradezu ein Genie auf diesem Gebiet. Marko ist ein sogenannter Handyman, ein geschickter Tausendsassa, der jedes Handwerk für den Hausgebrauch beherrscht: Stiegen reparieren, Böden verlegen, Wasserhähne anschließen, Lampen montieren und so weiter. Marko ist ein gefragter Mann. Jeder Hausbesitzer, der nicht in der Lage ist, selber zu installieren und zu reparieren, braucht Marko. Er bietet sich nie von selber an. Man muss ihn suchen, man muss ihn finden. Und weil er lange gesucht werden muss und schwer zu finden ist, wird er besonders begehrenswert. Hat man ihn endlich gefunden, wird er eingeladen und gewinnt durch sein Verständnis und seine Freundlichkeit einen jeden. Man öffnet ihm Tür, Tor und Herz. Er ist charmant und macht einen kompetenten Eindruck. Nun weiß mittlerweile natürlich ein jeder, dass man ihm keine Anzahlung gibt, und dass sich dies herumgesprochen hat, das weiß auch er. Also hat sich Herr Marko mangels Anzahlungsbereitschaft eine andere Form des Abhängigkeitsverhältnisses ausgedacht. Er braucht Material und ersucht den Auftraggeber, ihm das Material zu besorgen. In meinem Fall sagte er: »Nehmen Sie Bleistift und Papier und notieren Sie auf«, und was blieb mir schon übrig, als brav Markos Wünsche zu notieren. So schrieb ich: Winkel, Brett und Schrauben – und war schon gefangen.

Ich machte mit ihm einen Termin aus, zu dem er nicht erschien. In der Zwischenzeit war aber das Material schon besorgt, und so bat ich ihn, sobald ich ihn sah, er möge doch kommen, ich scherzte und machte ihm sogar schöne Augen, damit er nur ja komme, was er schließlich auch tat, mit wochenlanger Verspätung. Eines schönen Tages, meist dann, wenn man nicht damit rechnet, steht der Mann vor der Tür! Rasch wird, man hatte sich gerade oben ohne in die Sonne gelegt, ein Bademantel umgeworfen und solcherart gehandicapt über das anstehende Werk diskutiert, wobei der Zweck der Diskussion nicht das Werk ist, sondern alles, was das Werk behindern, gar verhindern kann – um Himmels willen! »Wann endlich wird mit der Arbeit begonnen?«, habe ich gefragt. »Etwas Geduld«, antwortete Marko, »demnächst.«

Die Tage verrannen, und ich machte mich auf die Suche nach ihm, wie eine eifersüchtige Frau, die ihren Mann vermisst. Dabei traf ich einen, der mir erzählte, dass er schon die Fliesen für sein Badezimmer besorgt habe und auf Marko warte, und einen anderen, bei dem war das Klo verstopft, und ein Dritter saß weinend auf dem nackten Küchenboden, weil seine Küche seit Wochen auf die versprochene Montage wartete. Wo bitte ist Marko, riefen wir um die Wette im Chor – und mit Groll in der Brust betrat ich jede Baustelle, auf der ich ihn vermutete. Marko war verschwunden! Er hat, hörte ich es flüstern, eine kleine Wohnung in Zadar, Sie wissen schon … Nichts weiß ich und vergönne ihm von Herzen jede Siesta, ich will nur, dass er das klitzekleine Brett montiert, was bei mir nicht so einfach ist, weil die Mauer aus großen Feldtsteinen besteht. Er habe sogar ein Mobiltelefon, wurde mir berichtet. »Nichts wie her mit der Nummer«, rief ich. »Nein, die Nummer haben wir nicht. Die hat niemand.« So hält uns der Handyman der Insel alle am Gängelband. Doch dann kommt er endlich, zu Fuß, weil er einer der wenigen ist, die nicht mit einem Quad oder einem Moped fahren, sondern zur Fortbewegung ihre Beine benützen, wie ich. Deshalb kommt er ja langsam. Ja, er kommt. Jetzt ist er da und beginnt. Und lässt alles halbfertig liegen. Eine Schraube fehlt, und die gibt es nicht sofort. Jetzt reicht es! Ich bin dabei, Marko kurzerhand zu feuern. Doch wer kommt nach ihm? Schließlich sieht es hübsch aus, was er gemacht hat, und es funktioniert. Denn wenn er arbeitet, arbeitet er gut. Marko hat keine Konkurrenz. Wen also bitte werde ich das nächste Mal dazu beauftragen, die Lampen zu montieren? Marko natürlich, wen sonst! Nicht nur, weil er der Einzige ist, sondern weil er einer ist, der überlegt, der für alles eine Lösung findet, und dafür Zeit braucht. Zeit, die ihm in dieser Welt nur noch die Insel schenkt.

In der Hoffnung, das Organisieren von Kleinigkeiten zu delegieren, ernannte ich Krešimir zum Verwalter meiner Latifundien im Ausmaß von siebenhundert Quadratmetern. Er verpflichtete sich, auf mein Haus aufzupassen, wenn ich nicht da bin, was er auch vorbildlich macht. Er zieht, kaum bin ich verreist, jeden Stecker aus der Dose – wegen dem Blitz. Das schien mir zuerst eine Fleißaufgabe zu sein, aber er hat Recht. Wenn man dies macht, erspart man sich die Blitzschadenversicherung für Geräte, und im Sparen ist Krešimir wie fast alle Dalmatiner Meister! Er organisiert mir auch eine Putzfrau, Anja, ihren Mann Stipe und Sohn Saša für das Brennholz und das Rasenmähen, er schickt die Post nach Österreich nach und fährt am Haus vorbei, wenn ein besonderes Naturereignis stattfindet, etwa ein heftiges Gewitter oder ein Sturm mit Windstärke zehn. Für handwerkliche Kleinigkeiten, bei denen ich Hilfe brauche, etwa beim Löcherbohren in den Natursteinwänden, hat er leider kein Händchen oder auch keine Zeit. Seine Zeit ist wirklich knapp bemessen, da er ständig mit dem Versorgen seiner auf den entfernten und winzigen Parzellen weidenden Schafe beschäftigt ist. Auch den Haushalt macht er größtenteils selbst, obwohl seine Mama ihm tagaus, tagein hilft. Aber die Knie und die Hüften! Sie ließ sich in Lovran, Istrien, operieren, wo man darauf spezialisiert ist. Die medizinische Versorgung ist nicht schlecht in Kroatien, man muss nur sehr lange auf eine Operation warten. Und ausgezeichnet sind die Zahnärzte, nicht nur meiner, der mir in Zadar empfohlen wurde. Sie haben auch viele ausländische Patienten, die Amerikaner sowieso, aber auch viele Italiener, weil die zahnärztliche Versorgung in Dalmatien gut und günstig ist. Dass Dalmatiner davon so selten Gebrauch machen, wie der Augenschein zeigt, verstehe ich nicht.

Wie man den herrlich natürlichen Käse macht, das hat Krešimir von seiner Mama gelernt. Nachdem er seine Schafe auf den Weidegründen gemolken hat, bringt er die Milch in zwei Kübeln, einer links, einer rechts am Quad, nach Hause. Auf dem Gasherd in der Sommerküche erwärmt er die Milch in einem großen Topf und gibt ihr etwas Labferment bei, das ich ihm aus Tirol besorge; früher bezog er es von woanders, aber er findet das tirolerische um Klassen besser. Dann stockt die Milch, und es entstehen Süßmolke und Süßmilchtopfen. Den gibt er in ein dünnes Tuch, drückt ihn zu einer Kugel zusammen und hängt das Ganze danach in einer Art Käfig über Nacht auf, sodass die überschüssige Molke abrinnen kann. Die Käseproduktion spielt sich in einem eigens dafür bestimmten kühlen, aus Steinen gemauerten Stübchen ab, in dem vermutlich jahrhundertealte Bakterien hausen. Tags darauf wird die Topfenkugel in eine Käselaibform gedrückt, die Löcher hat. Der Laib wird dann mit einem Tuch bedeckt und mit einem Stein beschwert und einige Tage rasten gelassen. Nun bildet sich rund um den fest gewordenen Frischkäse eine natürliche Haut; wenn sie glatt, undurchlässig und dick genug ist, kann er die Form entfernen und den Laib, der nun außen gelblich, innen noch weiß und durch die Rinde bereits geschützt ist, auf einer Stellage im kühlen Kämmerchen ungefähr vierzig Tage lang reifen lassen. Isst man ihn in frischem Zustand, so schmeckt er wie Gummi-Mozarella. Wenn die Käselaibe frisch sind und auf der Stellage liegen, beginnen sie zu schwitzen. Diesen Schweiß bürstet Krešo mit einer Bürste und Meerwasser ab. Danach trocknet er die Laibe mit einem sauberen Tuch und legt sie wieder auf das Brett. Zweimal täglich muss er sie während der ersten Reifezeit umdrehen, später seltener. Die älteren Laibe schmiert er mit Olivenöl ein, dem ein wenig Essig beigesetzt ist. So wird die Rinde natürlich fest, und die Poren verkleben sich.

Dass bei dieser urzeitlichen Methode der Käse nicht immer gelingt und sicher nicht immer gleich wird, ist klar. So war es früher aber mit allen Produkten, die der Bauer selber erzeugte. Darum gehörten die Molkereien und die Käsereien schon in der k. u. k. Zeit und später im SHS, serbisch-kroatisch-slowenischen Königreich, zu den ersten Genossenschaftsprojekten, in denen man für den Export produzierte und in denen auch Frauen bezahlte Arbeit fanden. Während der dreißiger und vierziger Jahre des 20. Jahrhunderts war der Schafskäse aus Olib angeblich noch berühmter als der aus Pag und wurde sogar nach Italien exportiert.

Man isst den Käse in allen Reifephasen, und würde ich in der Nähe von Krešimirs Käsestübchen wohnen, dann würde er die letzte Reifestufe gar nicht erreichen, so gut schmeckt er. Er schmeckt von Jahr zu Jahr anders, weil er anders reift. Nie könnte er ein standardisiertes EU-Produkt werden, was er auch gar nicht soll. Er ist eine echte

Rarität, und viele Ex-Olibaner aus Amerika haben ihre Hand drauf. So kommt er gar nicht auf den Markt, nicht einmal auf den Bauernmarkt. Gewisse Kunden fliegen mit bis zu zwanzig Laiben im Koffer zurück in die USA. Wie dieser Käse dort durch den Zoll kommt, ist mir ein Rätsel, aber es geht. Er wird in Florida als »home-made« Delikatesse in einem Restaurant weiterverkauft, wo ihn die Kunden bereits vorbestellen. Für die Auswanderer ist dieser Käse ein Stück Heimat, das sie im Koffer mitnehmen.

Pro Tag erzeugt Krešimir nur zwei Laib Käse, ungefähr vierzig Tage lang, wie es die Witterung erlaubt. Die Produktion beginnt dann, wenn er die Lämmer den Müttern abspannt. Sie werden meist geschlachtet und auf Vorbestellung verkauft. Das findet im April statt, im Mai ist die Milchproduktion am höchsten. Mal sind die Laibe größer, je nachdem wie viel Milch Krešimir pro Tag, morgens und abends, melkt. In jedem Käselaib steckt ein halber Tag. Krešimir melkt seine Schafe, solange es die Temperatur zulässt, das heißt meist nur bis Juni. Wie viele Laibe er im Jahr produzieren wird, kann ein urtümlicher Bauer wie er nie im Vorhinein wissen. Wird es zu heiß, stellt er das Melken und die Käseproduktion ein.

Viel lieber noch als der Hartkäse aber ist mir der Süßmilchtopfen, aus dem Krešo seinen Käse macht und von dem er manchmal eine kleine Portion zur Seite legt. Schafmilchtopfen ist das köstlichste Produkt unserer Insel: Natur pur, schmeckt süß, nahrhaft, zart und cremig. Die ganze Kraft der Kräuter und der Jugend liegt in dieser »škuta«, wie der Topfen hier heißt, und es ist fast schade, ihn für Palatschinken oder eine delikate Torte zu verwenden. Am besten schmeckt mir die »škuta« natur – mit Früchten oder mit Kärntner Waldhonig. Die beiden zusammen – süßer Topfen aus Olib und herber Honig aus Kärnten – vertragen sich optimal. (Dalmatinischer Honig ist mir zu dünnflüssig und zu parfümiert, auch wenn es auf den Märkten erstaunlich viele Sorten zu kaufen gibt, ich habe einige probiert.)

Gut zum Topfen schmeckt auch das Innere der Passionsfrüchte, sie wachsen in ganz Dalmatien, auch auf Olib, werden aber von den Einheimischen nicht gegessen. Sie werden als schattenspendende Kletterpflanze an Pergolen und Gartenmauern gepflanzt, wo sie ihre prächtigen Blüten entfalten, aus denen sich die Früchte entwickeln. Diese Früchte sind länglich wie Datteln und haben im reifen Zustand eine hell- bis dunkelorange Farbe und ein dunkelrotes Fruchtfleisch, das die Kerne umschließt. Die Blüten sind unglaublich attraktiv, ein weißer, von schwarzen Adern durchzogener Blütenkranz mit strahlenförmig angeordneten Stempeln – wie weiße Sterne stehen sie auf den grünen Blättern. Oft sind Blüten und Früchte gleichzeitig am Strauch. Als ich einmal an so einer Mauer stand und Passionsfrüchte mampfte, blieben gleich mehrere Einheimische neben mir stehen. Ich bot ihnen an, den Geschmack selber zu prüfen, das lehnten sie ab. Nur die Kinder haben, da ich nach dem Verzehr nicht tot umgefallen bin, von den Früchten gekostet.

Per pedes über die Insel

Von meinem Haus aus begann ich die Insel zu Fuß zu erkunden, dafür werde ich auch noch heute bestaunt. Denn zu Fuß gehen nur Touristen und jene, die sich kein Fahrzeug leisten können wie die bosnischen Arbeiter in den ersten Tagen nach der Ankunft – so lange, bis sie sich vom ersten verdienten Geld ein Knattermoped kaufen oder ein ausrangiertes Automobil ohne Nummerntafel, aus dem irgendwann ein Quad wird. Mit ihren Quads begeben sich die oberen fünfzig der Insel zu ihren Feldern, oder sie fahren ganz einfach nur im Ort herum, um einander zu besuchen und zu tratschen. Sie fahren zum Kaufhaus oder zur Kneipe, Promille werden keine gezählt, es gibt weder Verkehrsregeln noch eine Geschwindigkeitsbeschränkung, weil sich niemand darum kümmert und man auf den zuständigen Ämtern in Zadar glaubt, Olib wäre eine autofreie Insel. Die Quads werden alle auch aus Amerika importiert, und zwar im Direktimport, ohne Steuern und Zoll, als Übersiedlungsgut. Deshalb gibt es von Jahr zu Jahr mehr Fahrzeuge, entweder uralte Traktoren oder noch größere Quads. Der Mensch, insbesondere aber der Mann, braucht Maschinen und geht nicht gern zu Fuß, eine alte Geschichte, und ich kann nur hoffen, dass es bald eine Regelung gibt, und vor allem Kontrolle; in Silba, der uns gegenüberliegenden Insel, funktioniert sie ja auch. Dort gibt es überhaupt keine Landfahrzeuge fürs Vergnügen, nur solche für den Transport und auch diese dürfen nur zu bestimmten Zeiten herumfahren, nämlich eine halbe Stunde vor und nach der Ankunft und Abfahrt der Fähre. Die Regelung ist auch für Olib im Gespräch. Da Regeln, die von außen kommen, aber nur beachtet werden, wenn sie auch auf der Insel Zuspruch finden, bin ich mir gar nicht sicher, ob man sich daran halten wird. Auf einer Insel herrscht immer nur das Inselgesetz. Man hat sich schon zu sehr an die Fahrzeuge gewöhnt und sogar Garagen für sie gebaut. Auch Parkplätze sind im Entstehen, mitten im Ort auf einer Insel, auf der es keine Autostraßen gibt. Dafür werden aber die schmalen Straßen fleißig betoniert. Jedes Jahr schickt uns Zadar eine Ladung Sand und Zement gratis, damit wird dann ein Weg ausgebessert oder die Mole. Letztes Jahr war der Weg nach Sveti Roko dran, das ist eine kleine Kirche, in der einmal im Jahr eine Messe stattfindet, zu der man eigentlich, weil es eine Wallfahrt ist, zu Fuß gehen sollte. Weil es aber so viele alte Leutchen bei uns gibt, die schlecht zu Fuß sind, der beleibte Pfarrer allen voran, wurde der Weg zur Kirche nun hergerichtet. Nicht für die Quads, die auch über Stock und Stein fahren, sondern für die Golf-Karts, in denen nicht nur die Fußmaroden in die Messe gebracht werden. Die Golf-Karts sind leise und sie stinken nicht, sie rollen dahin und sollen in Zukunft auch weiterrollen, aber genau vor meinem Haus fahren die lautesten Stinker herum, die Baumaschinen und die Traktoren, weil sich Olibs größte Baufirma ein paar hundert Meter von mir entfernt ansiedelte. Mit einem Lagerplatz und einer Werkstatt, in der auch Autos repariert werden. Sie werden vom Festland nach Olib gebracht. Den Jungs, die als Bauarbeiter nie voll beschäftigt sind, ist ohne Fahrzeug in der Freizeit eben fad. Vielleicht verkaufen sie die reparierten Autos dann auf andere Inseln, nach Premuda zum Beispiel, Iž oder Ugljan, dort fahren die ältesten Stinker herum und werden noch herumfahren, wenn im Rest von Kroatien schon längst Abgasvorschriften eingehalten werden.

Was unsere Bauunternehmer, von denen es mittlerweile vier gibt, die ich kenne, denn auf Olib bauen? Nun, sie bauen vor allem Garagen, renovieren alte Häuser, reißen Ruinen ab, reißen die schönen alten Legsteinmauern nieder und ersetzen sie durch hässliche neue, decken die Dächer, bauen Zisternen, renovieren die Kirchen und betonieren die Straßen. Sie ersetzen alte Fenster und Fensterstöcke aus Holz durch neue aus Plastik und sie verputzen die Natursteinhäuser mit einer dicken Schicht, die malen sie dann gelb oder rosa an. Allzu viel haben sie nicht zu tun.

Die Baudenkmale auf Olib sind bescheiden. Zu ihnen zählen vier Kirchen, eine bischöfliche Villa, ein Wehrturm, ein Dorfzentrum aus dem 17. Jahrhundert, einfache alte Häuschen und über hundert Kilometer kunstvoll von Hand geschlichtete Leg- oder Trockensteinmauern. Manche dieser Mauern sind bis zu zehn Meter hoch, in ihrem Schutz sieht man noch die letzten Reste von Pfirsichbäumen, von Orangen und Zitronen, verwilderte Weinstöcke und uralte Olivenbäume.

Olib ist neun Kilometer lang, hat eine Fläche von 2779 Hektar und war schon den Griechen, die im 5. Jahrhundert nach Dalmatien kamen, bekannt.

Der griechische Geograf Strabon (66 v. Chr. bis 26 n. Chr.) zählte Olib zu den Liburnischen Inseln. Die Insel bekam den Namen Aleopium und wurde der byzantinischen Verwaltung unterstellt. Im nordwestlichen Teil der Insel gibt es heute noch einen Landschaftsteil mit Namen Mirine, dort fand man bei Rodungen für einen Weinberg altertümliche Mauern und Gräber, auch Geldstücke aus purem Gold mit dem Kopf des byzantinischen Kaisers Justinian I. (526–565).

Kaiser Konstantin VII. von Byzanz (912–959) nannte Olib Aloep, der lateinische Name für die Insel aber war Liubus; aus dem irgendwann im Laufe der Lautverschiebungen Ulbo wurde, in Italien heißt Olib immer noch so. Man vermutet, dass »Liubus« vom lateinischen »Alluvium« kommt, was so viel wie »nasse Erde« bedeutet. Die schätzte man in der Antike, weil man auf ihr die genügsamen Schafe weiden kann, die ihren Flüssigkeitsbedarf aus den nassen Gräsern und dem Tau decken. Der Jesuit Danijel Farlatti (1690–1773) schrieb in »Illyricum sacrum«, dass die Insel Olib im 12. Jahrhundert wegen ihrer saftigen Weiden berühmt war. Um 614 n. Chr. kamen die ersten Slawen an die Küste rund um Zadar, wo sie ihre ersten Siedlungen errichteten. Im Laufe der Zeit vermischten sie sich mit den alten Völkern und den römischen Siedlern. Wer auf Olib lebte, davon haben wir keine Ahnung; wahrscheinlich gab es immer wieder Schafhirten auf der Insel, die im Dienst der Grundherren aus Zadar standen, wohin Olib gehörte. Istrien und die ländlichen Küstenregionen standen unter der Verwaltung der Franken, die Byzantiner kassierten ihre Steuern in den Städten. Die ersten kroatischen Könige im 9. Jahrhundert etablierten sich in den von den Franken christianisierten Gebieten. Später taten sie sich auch mit den Byzantinern zusammen, deren Kultur von den Venezianern übernommen wurde. Diese waren nicht besonders an einer Vermischung der Patrizierklasse mit den Kroaten interessiert, die sich eher nach Ungarn wandten. Durch Heirat wurde das kroatische Königshaus ungarisch, und es war ein ungarischer König, nämlich Ladislaus von Neapel, der im Jahre 1409 Dalmatien an die Republik Venedig verkaufte. Diese blieb bis zu ihrem Verfall im Jahre 1797 Herrin auf Olib. In Venedig war es bis ins hohe Mittelalter üblich, Grund an die Patrizier zu verpachten. 1430 verpachtete Venedig Olib für 1311 Lire an Patrizier aus Zadar, aber auch die Kirche schien als Pächter auf. Die Bauern bearbeiteten den Boden und lieferten Anteile an die Verpächter ab, die wiederum Pacht an die Republik zahlten. Schlechte Ernten waren auch für den Adel schlecht.

Albanien war schon seit 1430 unter türkischer Herrschaft. Beständig drangen die Türken am Balkan vor und vereinnahmten 1463 Bosnien, woher die ersten Siedler stammen, die im Jahre 1472 auf Olib ankamen. Sie, offenbar Christen, die ihre Heimat, den Ort Vrlike im Tal der Cetina, aus religiösen Gründen verließen, wurden von ihrem Pfarrer, Don Jure Juraj Cetinjanin, mit der Erlaubnis des Bischofs von Split in die neue Heimat geführt. Das schöne Kruzifix aus Holz, das man heute in der Maria-Himmelfahrts-Kirche bewundern kann, brachten sie mit.

Im Jahre 1638 versteigerte die Republik Venedig Olib. Vererbbarer Feudalbesitz war nun auch in Venedig möglich, und so wurde am 22. Februar die gesamte Insel um 20.050 Dukaten vom Pächter Simon Bortolazzi gekauft, mit der Auflage, dass das Holz der Insel weiter dem venezianischen Militär zur Verfügung stehen musste und dass auf der Insel nicht mehr Häuser erbaut werden dürfen, als die Insel ernähren kann.

1632 wurde die erste Kirche der hl. Anastasia erbaut und im Laufe der Zeit vergrößert. Danach kamen weitere Kirchen dazu, von denen nicht mehr alle stehen.

In Olibs Kirchen ist viel Geld geflossen. Man konnte den Reichtum eines Ortes früher einmal an den Kirchen und Kapellen messen, und die Bewohner Olibs ließen sich nicht lumpen. So hatte die Kirche der hl. Anastasia einen Hauptaltar aus Holz mit vergoldeten Statuen; von den vergoldeten Altären bestehen noch drei. Die kostbarste Gruft auf dem Friedhof, der an die Kirche grenzt, ist jene Juraj Cetinjanins, der 1516 auf der Insel starb.

Außer der Kirche der hl. Anastasia, die bis zum Jahre 1899 auch Pfarrkirche war, gibt es noch die neue, geräumigere Pfarrkirche, die Maria-Himmelfahrts-Kirche, welche die Olibianer mit freiwilligen Spenden und mit Geld des Kirchengutes 1899 erbauten. Sie hat über dem Hauptaltar aus Marmor ein Bild von der Himmelfahrt Mariens, dem Erzengel Michael, dem hl. Vinzens, dem Märtyrer, und dem hl. Vinzens von Fererija. Diese Heiligen sind Namensvettern des Erzbischofs von Zadar, Vinko Pulišić, der den Großteil der Altäre und Bilder stiftete, die er alle bei Antonio Paoletti in Auftrag gab. Die neue Pfarrkirche wurde am 21. September 1905 eingeweiht. Beim Pontifikalamt sang Pulišić in Kirchen-Altkroatisch, was kirchengeschichtlich einer Revolution gleichkam. Er war der erste dalmatinische Bischof, der eine alte Tradition wiederbelebte. Pulišić entsprach damit aber durchaus dem damaligen Zeitgeist, der sich am Ende der Habsburgermonarchie nicht mehr aufhalten ließ: der Nationalisierung der Kroaten.

Im westlichen Teil Olibs befindet sich das Kirchlein des hl. Nikolaus, Sveti Nikola. Einmal im Jahr, am 5. August, machen die Bewohner des Dorfes eine Wallfahrt mit dem Boot in die hübsch gelegene Bucht. Da werden die ältesten Mütterchen in ihren schwarzen Kleidern und ihren Kopftüchern um das Kap herum in den kleinen Fischerbooten mit dem 15-PS-Außenbordmotor hingefahren. Für manche von ihnen ist das der einzige Ausflug im Jahr. Der heilige Nikolaus ist der Schutzpatron der Fischer und Seefahrer. Deshalb wird das Kirchlein von den Auswanderern, meist Söhnen armer Fischer, hoch geschätzt. Sie spenden regelmäßig Geld, mit dem die Bausubstanz instand gehalten wird. Kunsthistorisch ist Sv. Nikola aber ebenso uninteressant wie die anderen Kirchen, denn auch hier hat im Auftrag seines Gönners Pulišić Antonio Paoletti zugeschlagen und Heiligenbilder, wie zum Beispiel die Gottesmutter im Schnee (»Maria Schnee«), gemalt. Auf einer Anhöhe liegt das Kirchlein des hl. Roko im Nordosten der Insel, von wo aus man die Insel Pag und das Festland sieht. Auch hierher gibt es einmal im Jahr eine Wallfahrt am 16. August. Für mich ist dieser Platz ein Ort der Kraft, besonders wenn die Bora weht. An Wintertagen, wenn sich etwas am Himmel zusammenbraut und das Velebitgebirge schneebedeckt ist, erlebt man in Sveti Roko einen atemberaubenden Ausblick über das von Schaum gekrönte Meer aufs Festland. Der heilige Rochus ist zuständig für die Abwehr von Seuchen und Schlangen auf Olib. Um ihn rankt sich eine Sage: Die Bewohner von Novalja auf Pag mochten die Olibianer nicht, und um ihnen zu schaden, verpackten sie eine Anzahl giftiger Vipern in eine Kiste und brachten diese per Schiff nach Olib. Sie gingen in der Bucht, über der das Kirchlein von Sv. Roko steht, an Land und öffneten die Kiste. Doch alle Schlangen, die darin eingesperrt waren, waren tot. So hat der Heilige die Insel vor Giftschlangen bewahrt – bis zum heutigen Tag. Auch dieses Kirchlein wurde 1888 neu gebaut, mit Bildern von Paoletti geschmückt und von Pulišić 1917 geweiht.

Auf Olibs Ansichtskarten aber prangen keine Kirchen, sondern ein Turm. Er wurde zur Verteidigung gegen Türken und Piraten 1598 erbaut. Seit fünfzig Jahren besteht ein Plan, hier ein Museum einzurichten. Die Museumsgegenstände wurden schon gesammelt. Sie vergammeln in einem Häuschen unten im Hafen, auf dem zwar »Turist Biro« steht, aber kein Touristenbüro drin ist. Ich habe den Haufen alter Sachen einmal durchstöbert und fand alte Ton- und Kochtöpfe, Körbe und Schuhwerk in Form von türkischen Opanken aus schwarz gefärbtem Segeltuch. Vor einiger Zeit aber hat ein Verwandter des alten Bischofs Pulišić in seinem Privathaus ein Museum errichtet, in dem er tatsächlich alles, was einmal auf der Insel in Betrieb war und die Geschichte des Alltags erzählt, zusammengetragen hat: Mahlsteine, Arbeitsstiefel, Weinpressen, Fässer, Krampen und Schaufeln, Hüte, Stiefel, Körbe, Messer. Er nützt diesen Raum für private Feste, öffnet ihn aber einmal im Jahr am 15. August, mit einem Brunch zu Vela Gospa, der Öffentlichkeit.

Seit Menschengedenken gibt es am Meer, dort wo die Handelsschiffe unterwegs sind, auch die Räuber, die Piraten. Auch in Dalmatien waren sie unterwegs, die Illyrer zu den Zeiten der Römer, die Kroaten zu Zeiten der Venezianer. Mit dem, was sie raubten, handelten sie selber am Schwarzmarkt. In der Türkenzeit waren die Seeräuber in ihren wendigen Booten zwischen den Inseln unterwegs und raubten, was ihnen unter die Finger kam. Die Olibianer hielten auf dem Turm Wache und verteidigten ihre Insel bis 1943 gegen jeden Einfluss von außen. Nicht einmal geheiratet haben sie andere Insulaner, so sehr blieben sie unter sich. Nur neue Siedler, die in friedlicher Mission kamen, haben sie, wohl auch zur Blutauffrischung, bei sich aufgenommen. Es waren, wie man aus den Familiennamen schließen kann, auch italienische Seeleute oder bulgarische Flüchtlinge darunter. Erst in den beiden Weltkriegen stellte Olib Soldaten, von denen einige fielen. Bis dahin waren die jungen Männer aufgrund venezianischer Privilegien vom Militärdienst befreit. Nach Waffen verlangten sie nur einmal. In einem Bittbrief aus dem Jahre 1799 fleht der Dorfhauptmann von Olib die österreichische Regierung an, dass man ihm sechzig Gewehre und Schießpulver schicke, damit er sich vor den französischen Piraten schützen könne. Wie diese Franzosen dazu kamen, die Menschen auf den Inseln aus der Ruhe zu bringen, erklärt sich aus der Politik: Seit 1796 gehörte Venedig zu Österreich, das mit England eine Seeblockade gegen die Franzosen ausrief. Diese hatten ihre Schiffe mit Freibriefen ausgestattet, die es den französischen Matrosen erlaubten, sich vom Raub zu ernähren, zum Beispiel von den Schafen der Inselbevölkerung. Von 1804–1815 kam Dalmatien vorübergehend unter französische Herrschaft, die sich mit der Durchsetzung aufklärender Ideen aber nicht der ländlichen, sondern der städtischen Bevölkerung annahm, sodass die Olibianer, wie später auch während der österreichisch-ungarischen Monarchie, in Ruhe gelassen wurden. Sie waren zu wenige und zu abseits vom wichtigen Geschehen, was ja auch seine Vorteile hat.

1871 wurde ein neues, geräumiges Pfarrhaus erbaut und die Olibianer zahlten brav ihre Steuern. Im Jahre 1900 lieferten sie an das Finanzamt in Zadar 2854 Forint und 24 Groschen ab. Für die nahe gelegenen Inselchen, die zu Olib gehören, wurden ebenfalls Steuern eingehoben. Veli Plavnik, das 130 Hektar groß ist, brachte an Steuern 6 Forint und 25 Groschen; Mali Plavnik mit gut sieben Hektar Fläche 1 Forint und 42 Groschen; Kurjak mit weniger als einem Hektar 9 Groschen. Groschenklauber, so heißt es in der fernen Stadt Zadar, sind die Olibianer immer gewesen. Klar. Wenn sie mal etwas übrig hatten und verkaufen konnten, dann drehten sie den Taler vor dem Ausgeben zehnmal um. Am Geld hängen sie immer noch. Es ist fast wie in Amerika. Ich werde ständig gefragt, wie viel ich verdiene, wie hoch meine Rente sein wird, ob die Kinder schon etwas verdienen, und: Wovon lebt der ferne Ehemann? Geld ist von höchstem Interesse, und Werte wie »Natur« interessieren kaum jemand. Wenn ich erzähle, dass ich einen Seeadler sah, wie er sich im Süden der Insel mit einem großen Fisch in den Klauen in die Lüfte erhob, oder in der Dämmerung eine riesige Eule, und dass diese Tiere mehr wert als ein Schatz sind, so ziehen sie nur verständnislos die Schultern hoch. Und wenn ich, mit Bergschuhen, einem Stock und in der Tasche ein Mobiltelefon für alle Fälle, meine Wanderungen per pedes über die Insel unternehme, habe ich den Eindruck, dass ich Gegenden entdecke, in denen noch kein Insulaner gewesen ist. Nicht einmal oben am Monte Kalać, dem höchsten Berg der Insel, sind sie gewesen, obwohl eine breite Strasse hin führt. Dieser Berg ist immerhin 67 m hoch, mit einem Gipfelkreuz an höchster Stelle.

Is small beautiful?

Mein Haus gehört zu den großen Häusern der Insel. Sie wurden in den zwanziger Jahren des vorigen Jahrhunderts erbaut und sind einander sehr ähnlich, längliche, einstöckige Häuser mit einem Satteldach, das eben mit den vertikalen Wänden abschließt und nicht darüber hinausragt. Die Fronten nach Süden sind gegliedert, die nach Norden geschlossen, der Eingang ist im Süden, wobei sich davor oft eine Laube befindet, die Schatten spendet. Anders als die älteren Bauten, die sich um Innenhöfe gruppieren, stehen sie frei oder wurden in geschlossener Bauweise als Siedlung errichtet. In diesen nahtlos aneinandergebauten Reihenhäusern wohnten die Mitglieder einer Großfamilie, ähnlich wie im alten Weiler, im »oberen Dorf«. Man baute früher nicht im Hafen, dort befanden sich nur die Magazine und eventuell Gastwirtschaften. Dem Wind und dem Wetter trotzende Steinhäuser, im Stil wie das meine, habe ich schon in Schottland, auch in der Bretagne und in Schweden gesehen, auch auf atlantischen Inseln. Sie wurden, so vermute ich, auch dort mit dem Geld ihrer amerikanischen Bauherren errichtet, Auswanderern, die planten, am Ende ihrer Tage wieder in der alten Heimat zu leben.

Olibs Villen aus den dreißiger Jahren sind im italienischen Stil gebaut, sie sind im Grundriss quadratisch, haben ein Vollwalmdach, verzierte Fenster, einen Klopfbalkon mit Säulchen im ersten Stock und einen Vorgarten. Es gibt außer der Bischofsvilla noch fünf davon, mehr sind es nicht. Man findet diesen Baustil eher in Mali Lošinj, wo das Leben bis in die vierziger Jahre italienisch war und sich die Bauweise eher an der des Kvarner orientierte. Auch in Zadar sind diese Villen zu finden, also überall dort, wo der italienische Einfluss groß ist. Innen sind sie eleganter und man kann sich gut vorstellen, wie die Gärten davor einstmals aussahen, mit Magnolien, Bux, Hortensien und Oleander. Wenig ist von diesen Gärten geblieben. Vor der Bischofsvilla, zu der einst wohl eine mit Rosen bepflanzte Allee führte, worauf ein verrostetes Spalier schließen lässt, wächst heute Kohl.

Doch auch diese Villa ist nur ein schönes Haus und kein Palast. Es gibt keine Paläste an der dalmatinischen Küste, keine Bauten von beachtlicher Größe, sogar die »palazzi« der Signoria, sei es in Split, Trogir, Dubrovnik oder in Zadar, sind klein. Mein Lieblingspalazzo in Zadar zum Beispiel, der »Palazzo« Grisogono, ist winzig. Er beherbergt das Denkmalamt und ist vorbildlich restauriert, in ihm stehen sogar noch, teils in Gebrauch, antike Möbel aus dem 18. Jahrhundert. In ihm lebte, wie in den meisten Patrizierhäusern, die Familie im Winter. Im Sommer zog sie mit ihren Dienern auf die Inseln, wo es kühler war und wo man Latifundien hatte. Aber auch die Sommerpalazzi der Noblen sind nicht größer als ein tolles Fertighaus vom Baumarkt. Das hat schlimme Folgen.

So steht, als Beispiel, auf der Insel Ugljan die venezianische Landvilla der Familie Borelli, eine Villa aus dem 18. Jahrhundert im Original und völlig unversehrt. Sie wäre ein Traumobjekt, wie man es in Italien nur noch vor fünfzig Jahren finden konnte. Sie ist luftig und hat hohe Räume, einen zentralen Aufgang, Balkone, ein Arboretum und sogar eine Kapelle. Nur ist sie leider von der schlimmsten Zersiedlung umgeben und deshalb an einen privaten Interessenten unverkäuflich. Das Um und Auf einer Patriziervilla aus alten Zeiten war nämlich der schattenspendende Park. Wenn auch das Haus relativ klein war, der Park war meist groß und reichte vom Sommerhaus bis zu einem kleinen privaten Hafen. Solche Villen blieben in der Toskana, im Veneto oder in der Nähe von Rom im Grünen erhalten, in Dalmatien leider nur sehr selten. Man hat im Zuge der Enteignung die Umgebung der schönen Bauwerke parzelliert, sodass sich die neuen Eigentümer, oft sind es die ehemaligen Bediensteten der adeligen Familien, ihre eigenen kleinen »Paläste« in den Park stellen konnten; der Zauber der Landvillen ging dadurch verloren.

Da hatten es die Villen im Süden, etwa rund um Dubrovnik, etwas besser. Hierher zogen sich die Kapitäne in der Pension zurück, hier ist noch ein Hauch von Patriziertum erhalten geblieben und es ist nicht von ungefähr, dass hier die teuersten Immobilien der gesamten Küste auf dem Markt sind. »Meine« Insel Olib ist, wie viele der kleinen Inseln, die sich nie selber verwaltet haben, im Vergleich zu Hvar, oder Korčula, sehr rustikal. Und sehr kroatisch.

An der kroatischen Küste überwog immer der Kleinstbesitz, im gesamten Küstenland gab es nur rund 4000 mittelgroße Bauern, die zwischen zehn und maximal zwanzig Hektar Land besaßen; in Slawonien hingegen konnten sich immerhin 40.000 Bauern zu den Mittelbetrieben zählen; diese Zahlen stammen aus den dreißiger Jahren, aus der Zwischenkriegszeit. Dazu mag auch beigetragen haben, dass die dalmatinischen Bauern, im Vergleich mit dem Norden der Monarchie, viel später frei wurden.

In Olib war es am 16. Mai 1900 so weit. Für 2000 Forint überließ der Spross einer Patrizierfamilie aus Zadar, Dunat Filippi, seinen Bauern die Insel. Er übergab ihnen auch sein Haus und zwei Keller, wo sie eine Schule mit drei Klassen einrichten konnten und eine Wohnung für einen Lehrer dazu. Der Bischof Vinko Pulišić, ein Mann von Bildung und Verbindungen nach Wien, hatte sie zu dem Handel ermuntert und bei der Geschäftsabwicklung unterstützt. Seither ist der 16. Mai in Olib »Nationalfeiertag«. Im Jahre 2000 feierte man das Hundert-Jahr-Jubiläum mit einem prächtigen Fest.

Mit dem Verkauf ging aber keine Landreform einher, das heißt, dass die Ärmeren arm und die Reicheren reich blieben. Ein jeder zahlte wenig, doch entsprechend der Größe seines Besitzes. Er zahlte in Geld oder Naturalien und es wird berichtet, dass sich einige deshalb auch in Silba verschuldet haben. Dort hatte man offenbar so viel Geld, dass man es verleihen konnte, und zwar gegen Arbeitskraft. Seither, so sagt man, sind die Silbaner den Olibianern nicht sehr symphatisch. Den Bauern gehörte nun das Land, das sie früher gegen eine sehr geringe Pacht bearbeitet hatten, und dieses Land vergrößerte sich nicht.

Was sich aber vergrößerte, das waren die Mäuler der Nachkommenschaft, die Insulaner vermehrten sich rasch. So geschah es, dass im Jahre 1900, als die Insel endlich ihren Bewohnern gehörte, der tatkräftigste Nachwuchs auszuwandern begann, und nur durch die finanziellen Zuwendungen der Auswanderer an die in der Heimat Gebliebenen bildete sich auch auf den Inseln ein Hauch von Mittelstand.

Auf dem Festland blieben die Menschen viel länger arm. Die Bewirtschaftung des Landes durch Kolonen, eingeführt noch vor Christi Geburt von den Römern, blieb den Dalmatinern zweitausend Jahre lang erhalten.

Kolonen gaben an den Grundherrn ein Drittel, ein Viertel oder ein Fünftel ihres Ernteertrages ab. So war es auch in allen Gegenden gewesen, die unter osmanischer Herrschaft standen. In Bosnien, aber auch im dalmatinischen Hinterland waren die Grundherren Muslime, die Kolonen nannte man »Kmeti« und diese waren meist Christen. Einige der »Kmeti« besaßen neben dem Pachtgrund auch freie, eigene Grundstücke, von deren Ertrag sie nichts abgeben mussten. Das machte die Kontrolle der Abgabemenge kompliziert, und meist war sie von handgreiflichen Streitereien begleitet. Korruption entstand – man stellte sich einfach gut mit einem Steuereintreiber der Türken. Mit der Zeit waren die »Kmeti« durch Schutzgelderpressung und Steuerabgaben völlig verarmt. Auch um Streit zu vermeiden und den Beamten und den Grundherren nichts mehr abgeben zu müssen, bauten sie nicht mehr an, als sie selber verbrauchten, sie legten keine Vorräte an und lebten so, wie die Reisenden, die seit dem 18. Jahrhundert Dalmatien besuchten, berichten. Man lebte in den Tag hinein und verprasste sein Geld sofort, wenn man es einmal bekam. Wer nichts hat, dem wird auch nichts weggenommen.

Die Versuche der ersten aufgeklärten venezianischen Ökonomen am Ende des 18. Jahrhunderts, die Bauern zu einer moderneren Landwirtschaft zu überreden, blieben erfolglos. Die landwirtschaftlichen

Schulen blieben leer, aus mangelndem Interesse. Die Gleichgültigkeit der armen Bevölkerung saß tief – so geriet Dalmatien in seiner Entwicklung immer mehr in Rückstand, besonders in den orthodoxen Gebieten. Die venezianischen, französischen und österreichischen Landreformer gaben auf und zogen sich in lernfreudigere Gebiete, etwa nach Norditalien, zurück, wo Mustergüter entstanden sind. Am ganzen Balkan funktionierten nur wenige »Mustergüter«, vor allem die zur Produktion von Tabak. Beamte wie auch Patrizier trieben keine Abgaben mehr ein, weil nichts mehr zu holen war. In den Weinbaugebieten gab die Reblaus der Landwirtschaft noch ein Schäuflein drauf. Im 19. Jahrhundert zahlten die Bauern ihre Abgaben an säkulare Einrichtungen und »Herren« nur noch auf dem Papier. Etwas anders verhielt es sich mit dem Pachtverhältnis auf Kirchengütern. Denn in den Händen der Kirche lag sowohl das Schulsystem als auch die Altenpflege und die Pflege der Kranken, und das kostete auch damals Geld.

Bis 1950 (!) arbeiteten zwei Drittel der noch abgabepflichtigen dalmatinischen Bauern für die bischöfliche Mensa, für die Priesterseminare, die Domkapitel, für Wohltätigkeitsanstalten, Kirchen und Klöster. Kamen sie ihrer Pflicht nicht nach, wurden ihnen die Sakramente verweigert. Unversöhnliche Priester versagten säumigen Bauern sogar ein christliches Begräbnis, auch wenn diese an Hunger und Armut gestorben waren. Das machte die Kirche nicht beliebt. Im verarmten, antiklerikalen Milieu fanden die Kommunisten ihre ersten Anhänger.

Den Kleinbauern und dem Mittelstand wurde von den Kommunisten nichts weggenommen, im Gegenteil, viele profitierten. Der kleine Bauernhof, die kleine Firma, der Familienbetrieb wurden gefördert. Die Marktfrau durfte ihr Obst immer frei verkaufen. Auch der Genossenschaft ging es gut, sie ist in Dalmatien übrigens keine Erfindung der Linken, sondern der katholisch-nationalen Bauernpartei. In der Genossenschaft fühlte sich der kleine, ländliche Mensch gut aufgehoben.

Auf Olib wurde sie 1904 gegründet, sie ist bis heute tätig, erfüllte im Laufe der Zeit verschiedene Funktionen. So war sie anfänglich eine Einkaufs- und Verkaufsgenossenschaft, danach eine Produktionsgenossenschaft, z.B. für Käse, später auch für Holz und Olivenöl.

Die Entwicklung auf Olibs Nachbarinsel Silba, wo es fast keine »Ureinwohner« mehr gibt, verlief etwas anders. Ihre Bewohner waren um die Jahrhundertwende Seefahrer, Eigentümer von kleinen Handelsflotten und Segelschiffen. Die Bewohner hatten die Insel am 19. März 1852 für 5062 bayrische Taler dem Grundherrn aus Mali Lošinj Ragusin abgekauft und in die Seefahrt investiert, die damals in Dalmatien auf Erfolgskurs war. Auch lag Silba an den Hauptschifffahrtsrouten, was die Bevölkerung sicher darin bestärkt hat, sich für die Seefahrt zu entscheiden. Ende des Jahrhunderts jedoch stagnierte die Schiffsproduktion und was damit zusammenhing. Es kam zur Auswanderung der Bewohner, zum Verkauf der Gründe und Häuser. Silba wurde schon am Anfang des 20. Jahrhunderts zu einer typischen Ferieninsel mit Privatzimmern und kleinen Pensionen. Jede Insel hat eben ihren eigenen Charakter, vom Anfang ihrer Besiedelung an. Die Inseln Vis und Lastovo zum Beispiel waren von den Zeiten der Römer an strategisch wichtig, Inseln, um die man sogar Kriege geführt hat. In der kommunistischen Zeit waren sie Militärstützpunkte und für den Tourismus gesperrt. 2006 besuchte ich im Rahmen einer Kreuzfahrt mit einem Segelschiff Lastovo und fand dort sehr verschlossene Bewohner vor. Die Dörfer, die nicht am Meer, sondern im Inneren der Insel liegen, waren zum Teil noch mittelalterlich in ihrer Bausubstanz und die Landschaft wild, die Küste ist stark gegliedert, mit Buchten, Höhlen und Fjorden. Darum auch hatte man wohl von Augustus bis Tito hier seine geheimen, militärischen Basen. Hvar und Korčula dagegen sind kultiviert, diese Inseln waren schon für die Griechen kulturell interessant gewesen, möglicherweise auch wegen des angenehmen Klimas, sie beherbergten feudale Familien und sie sind heute Top-Ziele des Inseltourismus geworden.

Und wer waren dann die Verlierer in der Zeit der Kommunisten? Es waren die sogenannten Kapitalisten, die als Reeder, Fabriksbesitzer oder Eigentümer von Baufirmen Geld machten, es waren vor allem Juden und Italiener, die wenigen im Lande, die »big« und nicht »small« waren.

»Small is beautiful« – in Jugoslawien wurde diese Philosophie gelebt. Sie steht im Gegensatz zum amerikanischen »Think big« oder »Bigger is better«. Für das Große ist in Dalmatien kein Platz. Das Kleine charakterisiert die Landschaft, es hat sich im Laufe der Zeit auch besser bewährt, es ist überschaubar und kontrollierbar, wie zum Beispiel der Familienbetrieb, der Tauschhandel, die »Freunderlwirtschaft«, bei deren dalmatinischer Version man im Tausch aus drei kaputten Sachen zwei funktionierende macht, indem man alte Motorräder gegen alte Boote tauscht, Fische gegen Lämmer, Arbeitsleistung gegen Sachleistung, und bei der man Familienmitgliedern und Freunden einen Job verschafft. Auch der Schwarzmarkt, mit dem sich heute noch die meisten über Wasser halten, funktioniert im Kleinen, man kennt seine Lieferanten und seine Abnehmer. Der Staat schaut bei allen Händeln durch die Finger, ist hoch verschuldet, großteils an das Ausland verkauft, und wird seine Finanz-Löcher auch nicht mit der hohen Mehrwertsteuer von 22 % stopfen können.

Das Kleine wird geschätzt. Diskutiert man darüber, kann dies leicht zu Missverständnissen führen. »Und schau doch mal auf das Meer, am Horizont ist immer ein Berg oder eine Insel«, sagte ich zu einem Freund, einem Fischer, mit dem ich von Zadar nach Dugi Otok unterwegs war. Damit meinte ich, das Meer wäre nicht so wie der weite, grenzenlose Atlantik, der zu großen Abenteuern ruft. Ich sagte: »Manchmal sieht das Meer einem See ähnlicher.« »Einem See?«, rief er. »Unser Meer, ein See?« Er war fassungslos.

Der Dorfchef und sein Weisenrat

Als ich auf die Insel kam, war ich der Meinung, wir wären eine politische Einheit, hätten ein Gemeindeamt und einen Bürgermeister und ein Budget, schließlich sind wir eine eigene, kleine Welt und weit vom Festland entfernt. Im Haus, in dem sich die »Zadruga«, das Kaufhaus der Inselgenossenschaft, befindet, gibt es im ersten Stock ein Büro und einen Saal mit einem Plan der Insel an der Wand und ein paar verwaisten Stühlen am Boden und im zweiten Stock einen Saal für kulturelle Veranstaltungen, mit mehreren Sitzreihen und einer Bühne. Im Büro sitzt ein sympathischer Mensch mit Brille, der den ganzen Tag rechnet. Ihn hielt ich für den Gemeindesekretär. Und wollte ich etwas bezüglich der Straßen wissen oder wollte ich mich über etwas beschweren, so sagte man mir: »Dann gehen Sie eben zur Zadruga.« Der Mann war aber nur der Buchhalter der Genossenschaft, er rechnete täglich die Einnahmen und Ausgaben des Ladens zusammen, der der Dorfgenossenschaft gehört. Er rechnete mit der Hand, schrieb endlose Listen mit Zahlen, das war in meinem ersten Inseljahr. Zwei Jahre danach bekam er zur Entlastung einen Computer.

Obwohl der Dorfchef keine politische Macht hat, genießt er auf der Insel soziales Ansehen oder möchte es zumindest genießen. Er stellt mit seinen Kumpels eine Art Weisenrat, den man um etwas bittet, dem man Vorschläge macht, der zusagt oder einen vertröstet. Er sollte in Zadar die Interessen der Inselbewohner vertreten, was schwierig ist, weil die Interessen der Inselbewohner sehr verschieden sind. Die jungen, die Bosnier, die Wirte und die Leute aus der Marina wollen viele Touristen, die Zweihausbesitzer, Rentner und Rückkehrer nicht. Die einen wollen mehr Remmidemmi, die anderen weniger. Die einen wollen, dass etwas für die Jungen geschieht, die anderen möchten nun ein Altersheim für Pflegefälle errichten, wobei ja die ganze Insel eigentlich ein Altersheim ist. Bei meiner ersten miterlebten Wahl hatten sich zwei Männer zur Wahl gestellt, der Buchhalter der Zadruga zur Wiederwahl und ein Invalidenrentner aus den USA. Der Genossenschafter wurde aber nicht mehr gewählt, sondern der Zweite. Das war mir auch recht, noch blickte ich nicht durch, was er und sein Team für Funktionen haben. Es geschah nichts auf dieser Insel, das man ihm hätte verdanken können, wohl aber schien eines klar: Einige der Inselbewohner waren gegen ihn, was wahrscheinlich auf Kindheitserlebnissen beruhte und sich darin zeigte, dass sie ihn nicht grüßten und auch nicht in die Kirche gingen, wenn er, was er gerne zu tun pflegte, als Grüßer vor dem Kirchentor stand.

Einmal kam er zu mir, ob ich ihm helfen könnte. Es gehe um die Fremdenverkehrsabgabe. Ein jeder Mensch, der bei uns auf der Insel landet und länger als einen Tag bleibt, muss nämlich eine Fremdenverkehrsabgabe zahlen. Tut er aber nicht, weil er das gar nicht weiß. Der Dorfchef hatte also einen Text in Englisch verfasst, und den sollte ich in die anderen Touristensprachen übersetzen. Als ich den Text las, glaubte ich, wir wären noch im Krieg – oder irgendwo im Mittelalter. Der Text lautete krass verkürzt ungefähr so: »Wer nicht zahlt, wird gehängt.« Den Befehlston wollte ich also etwas modernisieren, hieß die Besucher auf unserer schönen Insel willkommen und ersuchte sie höflich, so und so viel Kuna pro Tag im Touristen-Office zu zahlen. Die Zettel mit der Information haben wir dann an einigen Stellen in einigen Sprachen ausgehängt. Ob einer gezahlt hat? Ich glaube, nein. Denn das Büro war fast nie besetzt, vor allem nicht am Wochenende, genau dann, wenn die meisten Touristen kommen.

Der Weisenrat der Insel ist nicht ganz selbstlos. Er besteht aus dem jeweiligen Dorfchef und seinen Kumpels und legt fest, was man gemeinsam machen wird, etwas, das »Männersache« ist. Dazu gehört es zum Beispiel, dass man gemeinsam eine Mole repariert oder die Sitzbank beim Dorfbaum erneuert. 2004, als noch der alte Dorfchef am Ruder war, schrieb ich: »Die Duschen im Strandbad, seit drei Jahren defekt, wurden noch nicht erneuert. Klar – der Weisenrat schwimmt nicht! Es werden dafür aber alljährlich gewisse Abschnitte der alten Eselswege betoniert, und zwar vor allem jene, die zu den Häusern der jeweils im Weisenrat Sitzenden führen. Den Zement dafür gibt es von der Stadt Zadar – gratis. Auf unserer Insel ist es nicht anders als in einem Staat, wo die Regierenden sich arrangieren. Es ist nur alles übersichtlich.« Kleine Inseln am Rande der Geschichte sind den Seligen vorbehalten. Auf ihnen bekam man selten die Auswirkungen von Kriegen zu spüren, auch nicht den letzten Balkankrieg. Als Zadar unter Beschuss kam und die Dörfer im Hinterland verwüstet wurden, hat man die Schulkinder u. a. nach Olib evakuiert.

Selten ließ sich ein verlängerter Arm irgendeines außerolibianischen Gesetzes auf der Insel blicken – bis zum heutigen Tag. Polizei gibt es nur auf der Nachbarinsel Silba, das wissen die Jugendlichen im Sommer sehr zu schätzen. Die wildesten Partys der Region feiert man auf Olib.

Unser Weisenrat mit unserem Dorfhäuptling, man könnte auch sagen, es ist eine Art wählbare Inselmafia, ist ein Relikt aus dem Mittelalter. Diese Dorfgemeinde, »Bauerngmoan« auf österreichisch, hat Tradition und auch ihre guten Seiten. In der Vergangenheit hatte man vor ihr auch Respekt, auch, weil sie für Recht und Ordnung sorgte, bis ihr die sozialwirtschaftlich orientierte »Zadruga« in die Quere kam und ihre Position merklich schwächte.

2.500 Einwohner zählte Olib in seiner besten Zeit Ende des 19. Jahrhunderts, und bis dahin wurden der Hauptmann und die Regierung alle zwei Jahre gewählt. Wer sich zum Inselchef, zum »glavar«, dem obersten Richter, berufen fühlte, stellte sich zur Wahl. In einem zweiten Wahlgang wurde eine Art Weisenrat gewählt. Dazu stellte jede Familie einen Mann auf, zwölf Männer wurden aus diesem Kreis gewählt, sie mussten für Recht und Ordnung sorgen. Gab es irgendwo Streit, berichtete man davon dem Glavar, der ein paar Ordnungshüter an den Ort des Geschehens entsandte. Kam es zu keiner Einigung der Streitparteien, erschien er selber und fällte an Ort und Stelle das Urteil. Mit auf frischer Tat ertappten Übeltätern machte man kurzen Prozess. Einen Hammeldieb zum Beispiel band man an einen Hammel und setzte das Paar auf den Dorfplatz.

Das hätte ich im letzten Sommer auch gerne mit dem Dieb gemacht, der uns das Surfboard stahl. Wir ließen es – in der Meinung, dass auf der Insel nichts gestohlen wird – über Mittag zur Siestazeit am Strand liegen. Am Nachmittag war es weg. Ja, den Surfboard-Dieb hätten wir gerne an das Brett gebunden und auf dem Dorfplatz in der Sonne schmoren lassen! Wir haben ihn aber leider nicht ausfindig gemacht. Auch nicht den, der unsere Messingglocke am Gartentor abmontierte. Kein Glavar, nicht der alte und nicht der neue, konnten mir helfen. Die Schuld schob man, wie überall auf der Welt, auf die »Zuagroasten«. Man werde den Dieb, wenn man ihn suche, sicher unter diesen finden.

Jeden Sonntag nach der Kirche hielt der Glavar vor der Maria-Himmelfahrts-Kirche seine Sprechstunde ab. Dazu saß er auf einem Podest, das heute noch vorhanden ist. Die Gemeinschaft sah für jede Familie gewisse Verpflichtungen vor, so musste jeder die Straße vor seinem Anwesen sauber halten und den Straßenrand pflegen. Jede Familie musste auch vier Tage im Jahr für die Gemeinschaft arbeiten, zum Beispiel die Dorfzisterne reinigen oder ein Stück Straße bauen. Man konnte den Gegenwert der vier Tage aber auch mit Barem abgelten.

1920, als Zadar italienisch war, Olib und die Inseln des Archipels aber zum jugoslawischen Königreich kamen, beschloss Vinko Pulišić, nach Olib in den Ruhestand zu gehen. Auf einem Familiengrundstück baute er Olibs schönste Villa, deren Baustil an die der Landvillen im Friaul erinnert. In Slatinica, dem längsten Sandstrand an der Nordostküste, der heute noch so aussieht wie Caorle vor hundert Jahren, wurde für den Bischof ein Strandhäuschen in einem umfriedeten Areal errichtet, wo er ungestört sein Sonnenbad nehmen und uneingesehen in der Badehose im Meer untertauchen konnte.

Im Jahre 1920 lebten 1200 Bürger in Olib und 1799 in den USA. Die Auswanderer gründeten in Amerika die katholische St. Nicolas Society, die sich um die neu Zugewanderten kümmerte und ihnen »drüben« weiterhalf. Auf meinem Dachboden fand ich in einer alten Seemannskiste neben zahlreichen Heiligenbildchen auch eine bunte, goldbestickte Schleife mit einem Abzeichen des Fördervereins. Als 1934 die Sozialversicherung in Jugoslawien eingeführt wurde, hörte die Versorgung der Insulaner durch die privaten Gönner aber nicht auf. Ich durfte mehr als einmal Einsicht in die Aufzeichnungen der auf der Insel Verbliebenen nehmen, in denen man sorgfältig notierte, wie viel Dollars und von welchem Kind, Cousin, oder Onkel im Jahr nach Hause geschickt wurden. Davon lebte man und vergaß dabei, sich selbst zu versorgen.

In der Zwischenkriegszeit des vorigen Jahrhunderts hatten viele Auswanderer ihr erstes hart verdientes Geld gespart oder angelegt – und beim Zusammenbruch der Banken und der Börsen Ende der zwanziger Jahre verloren. Oft verloren sie auch ihren Job in den amerikanischen Bergwerken, in denen sie meist arbeiteten. In der Zeit der Weltwirtschaftskrise konnten sie kein Geld mehr nach Hause schicken, und so holten sie ihre Frauen und Kinder nach. In Amerika fand sich auch für die des Lesens und Schreibens oft unkundigen Frauen ein Job in einem Restaurant oder Haushalt.

In der SHS-Zeit ging es den auf den Inseln Verbliebenen wirtschaftlich nicht schlecht, ja, manchmal sogar besser als den Ausgewanderten. Man hatte genug zu essen und die Genossenschaften machten sogar Gewinne; Holz, Wein, Öl und Käse fanden guten Absatz. In dieser Zeit brauchte man, wollte man nach Zadar oder Lošinj fahren, einen Pass. Verwandte, die in den italienischen Zonen wohnten, zogen nach Olib und füllten die Lücken der Auswanderer. Die politische Verwaltung der Region war in Preko, einem Ort auf der Insel Ugljan, der heute als noble Wohngegend von Zadar gilt. Das nächste Krankenhaus war Biograd, und die nächste größere kroatische Stadt war Šibenik. Und tatsächlich fuhr seit 1918 auch täglich ein ansehnliches Dampfschiff von tausend Tonnen von Olib, Silba, Premuda und Ist nach Preko, Biograd und Šibenik und wieder zurück. Dieses Schiff gehörte einer der fünfzehn privaten jugoslawischen Schifffahrtslinien, ein Hauch von »Time is money« zog mit ihnen in die Region. War das Schiff nicht auf die Minute pünktlich, musste der Kapitän dem Bootseigner Strafe zahlen. An diese auf den Inseln recht friedliche und erfolgreiche Zwischenkriegszeit knüpft die Hoffnung der heutigen Regionalpolitik an. Nostalgikern dient sie zu einem wehmütigen Rückblick auf dalmatinisch-kroatische Eigenständigkeit.

Inmitten all der politischen Wirren überlebte auf der Insel die katholische Frömmigkeit. Sie überlebte selbst die Kommunisten, die es auch auf Olib gab, und noch gibt. Auf einer Insel, auf der jeder alles über jeden weiß, kennt man die Wendehälse genau. Die aufrechten Linken, die auch nach der Wende die Kirche noch nie betreten haben, kann man auf Olib an einer Hand abzählen.

Nach 1920 las der Lehrer die Messe. Heute gibt es für die rund hundertfünfzig Inselbewohner einen Pfarrer, der ständig hier lebt und täglich zweimal die Messe liest, und es gibt drei Klosterschwestern, von denen eine hauptamtlich tätig ist. Sie spielt das Harmonium und sie putzt die Kirche. Ungefähr zehn alte Damen besuchen täglich mindestens einmal die Messe. Die Männer sind nur am Sonntag in der Kirche zu sehen, wo sie auf der Empore sitzen; die Frauen, die Familien und solche, die es nicht nach oben schaffen, sitzen unten. Der sonntägliche Kirchgang ist ein Muss, will man zur Inselgemeinschaft gehören. Wer sich als andersgläubig deklariert, wird aber auch akzeptiert. Ich zum Beispiel bin evangelisch, so bin ich frei, die Messe mitzumachen oder nicht. Wenn mir danach ist, besuche ich das Gotteshaus, in dem für fünfhundert Menschen Platz ist. Das Kirchentor steht immer offen.

Lammfromm im Garten

Nachdem ich ein Jahr lang auf täglichen Spaziergängen die Insel erkundet hatte, kaufte ich mir ein Fahrrad, womit sich mein Tempo, aber auch die Sichtweise auf meine Umgebung geändert hat. Die Distanz hat sich verkürzt, und was mir anfänglich groß erschien, wurde klein. Wie die Insel wohl für die anderen aussieht, die mit dem Quad herumfahren?

Die Zeit, die ich dadurch sparte, konnte ich woanders investieren: in den Garten. »Es war mal ein Garten da«, beteuerte Krešimir. Er deutete zur Mauer, die das Haus umgibt. »Sie sollten Ihren Garten hier anlegen, da ist er vor der Bora geschützt.«

So mauerten wir an der von ihm bezeichneten Stelle ein Hochbeet. Er lieferte mir winterharten Schnittsalat von einer eigenen Inselsorte, Petersilie und Minzenpflanzen. Mehr anzubauen schaffte ich im ersten Jahr nicht. Ich wusste noch nicht, dass ich auch im Herbst Kohl und Salat setzen kann, und wartete mit dem Anlegen eines Beetes bis zum nächsten Jahr. In der Zwischenzeit erkundigte ich mich bei den Frauen, die meist in gebückter Stellung und ohne moderne Geräte ihre Tage im eigenen Garten verbringen, was man sonst noch anbauen kann. So kam ich mit ihnen in Kontakt und nahm Teil am Inselklatsch.

Einmal lernte ich über den Gartenzaun Mireilles Schwiegermutter kennen, eine freundliche Frau. In ihrem Garten waren auch Obstbäume, Äpfel, Birne, sie hatte auch Stangenbohnen. Sie führte einmal in dem Haus, in dem sie nun wohnt, eine Gastwirtschaft und baute das

Gemüse dafür selber an. »Wissen Sie eigentlich«, sagte eine andere, in deren Garten sich die Stauden voller reifer Tomaten bogen, »dass ihr Mann in New York Chauffeur bei Al Capone war?«

So erfuhr ich mehr über die Leute als über das Gärtnern und entwickelte anfänglich nur beschränkten Ehrgeiz im Anlegen eines Gartens, auch weil ich die Bewässerung noch nicht im Griff hatte. Und außerdem wuchs mein Lieblingsgemüse vor dem Haus wild: Rukola. Er sprießt ab März und schmeckt bis Juni gut, und er ergänzt den Speiseplan. Im Herbst treibt er ein zweites Mal. In Kombination mit Kartoffeln, die ich im Dorf bezog und die in ganz Dalmatien von höchster Qualität sind, kam ich mit diesen Salaten bestens aus.

Wichtig für den mediterranen Garten ist der Schatten. Legt man im Norden Europas einen Garten so an, dass er möglichst viel Sonne hat, muss er im Süden viel Schatten haben – diesen Schatten schafft man durch Bäume, durch Zypressen und Oliven. Sie nützen nicht nur, sie sind auch hübsch in Form und Grünschattierung. Petersilie, Sellerie und verschiedene Blattsalate gedeihen auch in völligem Schatten.

Die Winter in Dalmatien sind regenreich, die Sommer heiß und trocken. Im Winter kann es auch frieren, doch der Frost ist nicht von Dauer. Mediterrane Pflanzen halten Frost erstaunlich gut aus, und Schneefall macht ihnen nichts. Sinkt die Temperatur allerdings unter minus fünf Grad, kann dies zum Tod der Pflanzen führen. 1985 zerstörte ein strenger Frost Oliven, aber auch Zitrusfrüchte, Hanfpalmen, Lorbeer und Oleander. Viele Pflanzen verlieren bei Frost aber nur ihre Blätter, die Pflanze selber erleidet keinen Schaden und erholt sich rasch.

Viel problematischer als Frost ist in Dalmatien die Bora. Sie ist der Feind der Inselgärtner, weil sie das Salz vom Meer mitbringt, und das mögen die meisten Kulturpflanzen nicht. Standorte, die der kalten, vom Gebirge und über das Meer wehenden Bora ausgesetzt sind, eignen sich auf den Inseln nicht für eine Bepflanzung.

Rebstock und Olivenbaum sind mediterrane Kulturpflanzen seit biblischen Zeiten, die Griechen brachten die Zypressen aus Persien mit, und auch die Dattelpalmen kommen wie Feigen, Zitronen und Orangen aus dem Orient. Andere Gewächse wie die Bougainvillea, die Agaven und den Palmfarn brachten die Seefahrer von ihren Reisen nach Dalmatien heim.

Einen schönen Rasen findet man an der Küste selten, der braucht zu viel Wasser, und damit muss man wirklich sparen. Also setzt man Lavendel und Gewürzkräuter, wie Rosmarin, an, die beinah kein Wasser brauchen. Man macht Pergolen und Spaliere, an denen sich Glyzinien, Passionsfrüchte und Wein ranken, und man schafft mit Steinplatten oder auch mit runden Flusssteinen attraktive Wege und Plätze. Oliven und Feigen kommen mit dem bisschen Regen aus, der im Jahr fällt. Ein dalmatinischer Garten ist immer auch ein Steingarten.

Die Vegetation Dalmatiens gleicht jener in der Türkei, Griechenland, Sizilien oder Spanien. Im Winter blühen Rosen und Narzissen, im beginnenden Frühjahr blühen Schwertlilien, Aaronstab, Calla, Veilchen und Zyklamen, Malven, die wie die Rosen beinahe Ganzjahresblüher sind. Mastix, Bux und Lorbeer speichern in ihren Blättern so viel Wasser, dass sie, wie die immergrünen Pflanzen der Alpen, nur umgekehrt, keine Winter-, sondern eine Sommerruhe einlegen. Weil sie auch ohne Wasser grün bleiben, kann man sie überall in den Gärten finden. Viele Pflanzen aber brauchen täglich ihre Wässerung. Besonders die Kübelpflanzen trocknen schrecklich rasch aus.

Im zweiten Jahr legte ich einen schmalen Gartenstreifen vor der Hausmauer an und pflanzte Zucchini, Paprika, Auberginen und Tomaten. Ich kaufte die Pflanzen auf dem heimischen Markt, alle Sorten gediehen sehr gut. Ich konnte den Pflanzen beim Wachsen zusehen und schon im Juni die ersten Früchte ernten. Und während meine Tomaten und Kräuter in den Tontöpfen verdorrten (weil ich sie zu wenig goss und vor allem nicht täglich), konnten die Pflanzen in der freien

Erde meine Vernachlässigung recht gut verkraften. Ich goss sie eine Zeit lang mit Brunnenwasser, denn im Herbst war ein Mann mit einem Pendel auf die Insel gekommen, der Wasser suchte und fand. Er hat eine kleine Firma und bietet, auf Erfolgshonorarbasis, zum Wassersuchen auch das Brunnengraben an. Mit einer urtümlichen, selbst konstruierten Maschine bohrt er, wo er Wasser vermutet, ein entsprechend tiefes Loch. So machte er fünfunddreißig Garten- und Hausbesitzer auf Olib glücklich, sie haben seither wie ich einen eigenen Brunnen, aus dem jeder auf seine Art zusätzlich zum Regenwasser aus der Zisterne Nutzwasser gewinnt. Angeblich stammt dieses Wasser aus dem Karst des Velebit, wo das Regenwasser durch das poröse Kalkgestein durchläuft, um sich in der Tiefe zu sammeln. Es soll in unterirdischen Adern bis zu einigen Inseln fließen. Mit dem Brunnen aber war ich nur wenige Tage glücklich, langsam füllte er sich mit leicht salzhältigem Wasser, das die Pflanzen verbrannte, wenn ich sie damit goss. Das hätte ich früher wissen müssen, als ich die Leitungen in das Haus einbaute; man hätte für die Klos eine eigene Leitung gebaut und sie mit dem Brunnenwasser versorgt. Bekanntlich fließen ja 80 % des täglichen Wasserbedarfs einer Familie durchs Klo, und bei mir ist es leider das kostbare Zisternenwasser, das mit der Spülung davonrinnt.

Woran es in Dalmatien mangelt, das sind exotische Gemüse und Kräuter, neue Kulturpflanzensorten, aber auch ganz alte; dafür ist – noch – kein Bedarf. Ich aber möchte ohne sie nicht kochen, und deshalb mache ich im Frühjahr, bei einer meiner Autofahrten von Österreich in den Süden, einen Umweg über das südsteirische Hügelland, um bei der Gärtnerei Wagner in Karpfenstein bei Fehring vorbeizuschauen, die eine Vielfalt an Pflanzen anbietet, wie verschiedene Sorten von Basilikum, Minzen, Zitronengras, blaue und gelbe Tomaten, Süßkartoffeln, echte weiße Eierfrüchte, lauter duftende oder würzig schmeckende Pflanzen, die besonders im mediterranen Klima gut gedeihen.

Ich wünschte mir, dass diese Bereicherung des adriatischen Speisezettels in Zukunft auch dalmatinische Liebhaber gewinnen würde, und kaum war mein Wunsch ausgesprochen, zeigten sich auch schon die ersten Interessenten. Als ich eines Tages im Juni, nach einem letzten wohlwollenden Blick auf die Gartenpracht und dem Auftrag an eine Bekannte, den Garten zu bewässern, für ein paar Tage nach Österreich entschwand, fand ich bei meiner Rückkehr eine Woche später den Garten in abgefressenem Zustand wieder. Schafe und Ziegen hatten sich daran gütlich getan, vor allem grüner Paprika scheint für sie eine Delikatesse zu sein. So kümmerten die zernagten Pflanzen in der restlichen Saison dahin, einige erholten sich und trugen im Spätsommer noch reichlich Früchte, weil es Sorten sind, die nicht auf einmal reifen (wie die Sorten aus dem Supermarkt und in der Gemüseindustrie), sondern mehrere Monate lang tragen.

Die Hüterin der Schafe, eine alte Frau, die in einem kleinen Steinhaus direkt am Strand lebt, war voll des schlechten Gewissens. Sie entschuldigte sich lautstark und überhäufte mich mit Schadenersatz: Milch, Tomaten und Kartoffeln, so innig, dass wiederum ich ein schlechtes Gewissen bekam. Für sie bedeutete der Kontakt mit mir auch eine Art Freundschaft. Kaum sieht sie mich an ihrem Häuschen oder an ihrer Herde vorbeigehen, stürzt sie auf mich zu und überschüttet mich mit Worten, die nicht nur ich nicht verstehe. »Ach«, sagen die Dorfbewohner, »die Alte! Die ist nicht ganz richtig im Kopf.«

In ihrem Häuschen sieht es noch aus wie im Mittelalter. Es hat einen Naturboden aus Erde und Stein und einen offenen Herd, einen Tisch, ein paar wackelige Stühle und kein Bad. Das Wasser schöpft sie mit einem Kübel aus der Zisterne, sie lebt von Schafmilch und Topfen, den sie für sich selber macht, von Schaffleisch, Kartoffeln und Möhren. Manchmal putzt sie auch Fisch, unten an den Steinstufen, die neben ihrem Häuschen ins Meer führen. Dort pflegt sie auch ihre Toilette zu machen. Sie zieht ihr Blaudruckkleid aus, bis auf die schwarze Unterwäsche. In BH, Unterhemd und -hose steigt sie dann ins Wasser und seift sich ein. Danach taucht sie unter und freut sich. Schwimmen habe ich sie noch nie gesehen. Fast jeden Abend sitzt sie auf den Stufen und schaut in den Sonnenuntergang und redet gerne Touristen an. Sie hat kein eigenes Stück Weideland und ist auf das Entgegenkommen der Einwohner angewiesen, die ihre eigenen Grundstücke nicht mehr brauchen. Sie weidet ihre Schafe auch auf Kirchenland, von dem es auf Olib mehr als private Grundstücke gibt. Im Frühjahr stellt sich bei ihren Schafen Nachwuchs ein. Fast jedes Jahr auch ein Hinterling, ein Lämmchen, dessen Mutter gestorben ist oder das Junge nicht annahm. Diese Lämmer sind kleiner als die anderen und sehen ihren Hüter oder ihre Hüterin als Muttерersatz an. Einmal stand die Alte mit einem solchen Kleinen im Arm vor meiner Haustür. Sie stellte ihn auf den Boden ab, holte eine Flasche aus der Schürze, die mit einem Schnuller versehen war. Es war der abgeschnittene Finger eines Gummihandschuhs mit einem Loch. Dann gab sie dem Kleinen zu trinken. Ich war entzückt, »ach wie süß« und »oh, ist das putzig!« – und kaum hatte ich mich's versehen, stand das Lämmchen auch schon drin in meinem Haus. Wie ein kleiner Hund lief es in der Küche und in der Konoba herum und schaute neugierig durch alle offenen Türen. »So«, meinte dann wohl die Alte und drückte mir die Flasche mit dem Schnuller in die Hand, »das ist jetzt deines!«, und ging. Gott sei Dank musste ich aber am nächsten Tag tatsächlich mit dem Fährschiff nach Zadar und brachte ihr das Lämmchen am Abend zurück. Ich wäre, so süß und erstaunlich sauber es war, sonst wahrscheinlich auf die Idee verfallen, es zu behalten – und wäre zur Vegetarierin geworden.

Die Hüterin der Ziegen, eine Insel-Walküre, bot mir sogar Geld als Schadensersatz an, was ich, da ich ahnte, von wie wenig sie leben muss, natürlich ablehnte. Sie bedeutete mir, sie werde die armen Tiere nun anbinden, statt herumlaufen zu lassen, was mir auch nicht recht war, weil sie von nun an mit zusammengebundenen Hinterbeinen durch die Landschaft humpeln mussten. Und so begann ich mir Gedanken über einen Zaun zu machen.

Ich überlegte, ob ich gegen ungebetene pflanzenfressende Besucher nicht am besten einen elektrischen Zaun um das gesamte Grundstück ziehen sollte. Denn eines Tages kletterten die kleinen Ziegen, deren Hinterbeine nicht zusammengebunden waren, von der Straße her über die Mauer auf das Dach des Nebengebäudes und sprangen von dort einfach auf die Terrasse, von wo aus sie sich am Rest der Bepflanzung gütlich taten. Das war im folgenden Jahr, als die alte Frau schon keine Schafe mehr hatte. Ein Tierarzt war auf die Insel gekommen und hatte allen Schafen eine Impfung verordnet, die vom Besitzer zu zahlen war. Das konnte die alte Frau, die eine Rente von 250 Euro hat, nicht finanzieren, und so gab sie die Schafzucht auf. Ich raffte mich schließlich zu einem kleinen Bauprojekt auf, das noch im Gange ist: Ich ummauerte einen Teil meines Grundstücks und errichtete einige Hochbeete. Vor dem Haus umgab Stipe ein quadratisches Stück Boden mit Beton und ein neu auf die Insel zugezogener Frührentner, ein gelernter Spengler, verschönte es mit einem schmiedeeisernen Gitter. Diesen Teil des Gartens bewässern wir automatisch, in ihm wachsen Kräuter, Salat, Auberginen, Paprika und Tomaten. Diese sind ein begehrter Leckerbissen für die Ratten. Kürzlich habe ich mir eine kleine Liste von Pflanzen zusammengestellt, die ich noch setzen möchte, nämlich dann, wenn die geplante Wasserleitung, ein EU-Projekt, unsere Insel versorgen wird. Dazu gehören Oliven, Orangen, Zitronen, Grapefruits, Mandarinen, Kakipflaumen, Feigen, Granatäpfel, Pfirsiche, Melonen, Erdbeerstrauch, Feigenkaktus, Passionsblumen, Oleander, Nachtjasmin, Brautmyrten, Agaven, Mittagsblumen, umbrische Lilien, Schwertlilien, Strelitzien, Rosen, Malven, Lavendel, Rosmarin, Lorbeer, Mastix, Tuberosen, Astern, Seidenbaum, Bougainvillea und natürlich viel mehr Sorten von Tomaten, Melonen, Kürbissen, Paprika,

Melanzani, Salaten und Gewürzen. Ja, und dann muss auch wieder ein Kater her, weil der alte mich verlassen hat, und einen Hund will ich auch, einen, der Ratten und Krähen verjagt.

Mr. Clever bittet zum Tanz

Der Hochsommer ist international und gehört der Jugend. Omas und Mütter verschwinden für zwei Monate in den Küchen, jetzt ist ihre Zeit gekommen. Jetzt kochen sie für die Familien. Opas und Väter leben wie bisher. Nur dass jetzt anstatt fünf, zehn Männer im Hafen in Grüppchen herumstehen und über Gott, die Welt und ihre Boote diskutieren. Diese stehen dicht aneinandergedrängt im Hafen, in jenem Bereich, der für die Einheimischen reserviert ist und wo das Anlegen nichts kostet. Hier spielen sich auch Revierkämpfe ab, etwa, wenn einer gar zwei Boote hat, ein kleines und ein großes. Denn auch, wenn die Boote bescheiden sind, ist es doch eine Art »Bootsschau«, die hier abläuft und die zeigt, wer hat und wer nicht hat.

Einige holen ihre Boote aus dem Winterquartier, nur um sie im Hafen bewundern zu lassen. Diese Boote sind ein Zeichen ihres Wohlstands; ganz selten, dass einer ein Boot wirklich nutzt.

Anders als in den Tourismushochburgen, wo die Gäste allesamt fremd sind, bleibt sogar der Hochsommeransturm auf Olib ein Familienereignis. Ein jeder kennt jeden, jetzt kommt schon die dritte, gar die vierte Generation. Der Inselsommer ist auch ein Familienfest, eine Familienorgie.

Im Sommer hat Branimir, der Bäcker, Hochsaison.

So friedlich er die Zeit im Winter verschlummert, im Juli und August läuft er zur Hochform auf. Zweimal am Tag schiebt er die weißen Wecken in den Holzofen, den er am Abend mit den Scheitern der Steineichen anfeuert. Sie geben eine große Hitze ab, und deshalb ist auch die Rinde des Inselbrotes so knusprig. Der Duft von Brot zieht bis auf meine Terrasse. Im alten Gebäude der Zadruga gibt es eine Backstube mit einem großen Ofen, der vom Vorraum aus mit dem Holz der Steineichen beheizt wird. In der Backstube hängen hölzerne Regale an der Wand, auf denen die Brote auskühlen, in der Mitte steht ein riesiges elektrisches Rührwerk, am Rand Mehlsäcke und Körbe. Um vier Uhr früh bereitet Branimir den Teig in einem riesigen Becken vor, wo er automatisch geknetet wird. Dann formt er die Brote, wobei ihm im Sommer junge Leute helfen, und schiebt sie in den Ofen ein. Siebzig Stück pro Tag bäckt er im Winter, im Sommer über fünfhundert in zwei Tranchen, mehr schafft er nicht. Die Brote sind alle gleich, es gibt nur eine Sorte.

Die Backstube ist nur fünf Minuten von meinem Haus entfernt, da brauche ich nicht abzuwarten, bis Branimir die Brote mit dem Traktor in den Laden der Zadruga bringt. Ich hole mir um Punkt sieben Uhr dreißig, bevor er davonrattert, das frische, warme Brot mit der reschen Kruste direkt in der heißen und duftenden Backstube ab. Kaum ist das Brot in der Küche, durchzieht sein Duft das ganze Haus und weckt Freunde und Familie auf. Branimirs Inselbrot ist das beste Brot der Welt! Kapriziöse Insulanerinnen behaupten zwar, dass es nicht hält, und lassen sich »ihr« Brot von Zadar aus schicken. Das ist für sie wahrer Luxus! Ich aber und all die Ausländer hier, wir sind hochzufrieden mit dem, was Branimir bäckt.

Dieses Brot ist leider das einzige authentische Inselprodukt, das im Handel ist. Auf Olib wird sonst nichts erzeugt, rein gar nichts. Es gibt im Hochsommer nur Waren zu kaufen, die es auch anderswo gibt, nur sind sie ein bisschen teurer. Der Zadruga-Laden blüht auf. Zwei, drei Studentinnen oder Inseltöchter helfen im Verkauf, und der mürrische Kaufmann steht nur noch hinter der Kassa, klingeling, der Kuna rollt. Euro nimmt man auch schon, man bereitet sich vor. Ist man einheimisch, darf man auch anschreiben lassen. Der Mann an der Kasse greift, auch wenn eine Schlange von Kunden an der Kassa steht, seelenruhig zum Büchl, wenn er es braucht. Es gibt kein erntefrisches Gemüse und schon gar keine frischen Fische, weil die Gastronomie sie braucht; das Wasser am Strand ist aufgewühlt und nur am Morgen klar – dann, wenn die letzten Nachtschwärmer schlafen gehen, menschliche und Insekten.

Ende Juni, etwas spät für die Sommerplanung, hatte mich ein befreundeter Fernsehjournalist aus Wien angerufen. Er wollte mit seiner neuen Freundin vier Wochen in Dalmatien Urlaub machen und suchte eine Bleibe, wo er ein Drehbuch schreiben, gut essen und trinken und turteln konnte. Zwei Räume wären besser als einer, und Ruhe, zumindest kein Lärm. Zum Meer sollte es nicht weit sein, schön wäre eine Terrasse oder ein Garten zum Plaudern, mit Liegestuhl, Tisch und Sonnenschirm. Er suchte eigentlich ein romantisches Häuschen, aber es ginge auch ein »apartman« (dalmatinische Schreibweise für Appartement). Tja, und dann war da noch das Datum für den Urlaub, vom 15. Juli bis zum 15. August, genau dann, wenn alle Urlaub machen. Und weil ich ihn mag, rief ich sofort Krešimir an. Und wie nicht anders zu erwarten, hatte der etwas an der Hand, er wollte es mir »später« zeigen. Was auch geschah. Das »apartman« war noch im Rohbau, jedoch in zwei Wochen werde es, ich könne mich darauf verlassen, fertig sein. Hier muss noch ein Laminatboden hin und dort eine Rigipswand. Ich wagte zu fragen, wer denn der Handwerker sei. Marko? Ja, Marko! Und alles in zwei Wochen!? Also musste ich realistisch agieren und etwas anderes suchen, die Zeit war knapp, denn auch auf der Insel ist man in der Hochsaison beinahe ausgebucht. Ich fand ein Haus, das zwar keines war, aber doch ganz nach Appartement aussah. Ich kannte den Mann, der in dem Haus im Parterre wohnt, flüchtig, ein freundlicher Matrose in Frühpension; gerade als ich an seinem Haus vorbeiging, trat er heraus, mit einem Plastiksack und einer Brieftasche in den Händen, wohl auf dem Weg zum Kaufmann. Ich schilderte ihm das dringende Problem, auf Englisch, Kroatisch, Italienisch und Deutsch, und als ich mich noch immer nicht verständlich machen konnte, entschieden wir uns für den Lokalaugenschein. Es ist ein wirklich nettes Haus, neu und ohne Charme, doch immerhin hat es drei Schlafzimmer oben, mit Terrasse und Bad und den üblichen Betten mit Fußteil, in denen ein Mensch, der über einen Meter achtzig misst, nur noch diagonal liegen kann. Aber da mein Bekannter nur einen Meter fünfundsechzig groß ist, hätte er damit kein Problem. Im Parterre gab es eine Küche, ein Bad und einen großen Wohnraum, die Polstermöbel waren mit Leintüchern bedeckt. »I am only a sailor«, sagte der nette Mann traurig – ich hatte nämlich gleich frech in den Kühlschrank geschaut, ob er sich selber etwas koche. »Sailors kitchen«, seufzte er, was immer das auch war, und dann brach es aus dem Ärmsten heraus. Er könne vieles, zum Beispiel ein Haus bauen oder fischen, auch mähen und Gartenarbeit, doch Hausarbeit liege ihm nicht. Wie solle er denn diese Wohnung vermieten? Da müsse doch ein Besen her und, was er wohl auch meinte: eine Frau. Ich rechnete ihm darauf kurzerhand vor, was so ein Gast für einen Monat bezahlen würde, nämlich sicher zweitausend Euro. So etwas Schönes im ruhigen Pinienhain, mit Meeresblick, war meiner Meinung nach durchaus diese Summe wert. Man müsse nur mal mit dem Staubsauger durch die Gegend fahren, in zwei Tagen könne man das Haus auf Hochglanz bringen, meinte ich, denn die Einrichtung wirkte neu und unbenützt. Zweitausend Euro! Also ich hätte, gehörte so ein Haus mir, selbstverständlich die Chance genützt, um mit einer geringen Investition zu einem hübschen Sümmchen zu kommen. »Aber wo«, fragte der Matrose ängstlich, »wo wohne dann ich?« Ja, hatte er denn keine Freundin, Schwester, Tante, Mutter oder Bruder? Auch die könnten an meinem Fernsehjournalisten mitverdienen. »Sie zahlen woanders dreihundert Euro für Kost und Quartier«, sagte ich zu ihm, »dann haben Sie immer noch tausendsiebenhundert verdient.« Ein kurzes Lächeln erschien auf seinem Gesicht, und nach weiteren Verhandlungen gab es auch eine Lösung: Seine Schwägerin vermietete ihr Haus nebenan, und kurze Zeit später konnte ich sehen, wie der nette Sailor bei meinen Wiener Bekannten zum Kaffee oder zum Essen zu Gast war.

Im Juli verwandelt sich Olib regelmäßig in den 51. US-Bundesstaat. »Die Amerikaner« sind eine olibianische Spezialität, die sich aus dem Exodus erklärt, der die Insel in den letzten hundert Jahren betroffen hat. Im Sommer kehren sie zurück zu ihren Wurzeln. All meine Versuche, auf Olib Kroatisch zu lernen, scheiterten. Dafür lernte ich perfektes »American English«. Man spricht Amerikanisch, und man sieht auch so aus. Bequeme Schuhe, weiße Socken, kurze Hosen, karierte Hemden und Baseballmützen prägen das Dorfbild. Mehr Quads sind im Umlauf, die Rollläden der Häuser werden aufgezogen, und am Samstag steht eine gesittete Menschenmenge Schlange an der Kassa beim Kaufmann. Tagtäglich spuckt der Katamaran noch mehr Heimkehrer aus. Auch die Fähre verkehrt nun täglich. Es wird heißer, es wird lauter, und es wird geschäftig. Auch meine Familie machte Urlaub auf der Insel.

Gut versorgt mit Trinkwasser, Tomaten, Oliven, Brot und Feigen, pirschten meine Jungs die Strände an. Viel an weiblichen Reizen war nicht zu sehen, denn in Slatinica, dem traditionellen Strand, wachen einheimische Damen über die Moral. Kein Mädchen zeigt sich oben ohne oder gar im Evakostüm. Nur einige progressive Sloweninnen wagen es, nahtlos zu bräunen, dafür müssen sie sich aber zu Fuß in eine weit entfernte Bucht begeben. Eine Mühe, die sie gern auf sich nehmen. Sloweninnen scheinen etwas alternativ und naturverbunden zu sein. Nur wirklich unverschämte Jachttouristen springen ohne Rücksicht auf ortsübliche Moralvorstellungen ohne Hosen ins Meer, auch im bewohnten Inselteil. Dies lassen einige Eingeborene recht ungern undiskutiert geschehen.

Auf dem Sportplatz werden Fußballturniere ausgetragen, und auf dem Basketballplatz wurde in den ersten zwei Jahren meines Verweilens eifrig trainiert. Damals fand auf der Insel Ist noch das alljährliche »Inselbasketballturnier« statt, bei dem die Olibianer, obwohl verstärkt aus den Vereinigten Staaten, meist gegen Silba und Ist verloren. Damals hatte ich noch die Hoffnung, dass dieser Sport Amerika, Slowenien, Kroatien und Österreich enger zusammenbringt und dass die Jugend sich beim Sport ordentlich ausschwitzt. Das ist auch so geblieben, nur hat sich auf Olib Basketball leider nicht durchgesetzt. Es ist dem Beachvolleyball als »In-Sport« gewichen. Auch werden keine Turniere mehr zwischen Olib und den anderen Inseln ausgetragen. Dafür gibt es mehr Fußball. Basketball überlässt man den Athleten in Zadar, die Weltklasse sind.

Das Dorf ist voller Jugend, das Strandcafé »Grobak« zum Bersten voll. In der Konoba werden Spanferkel gegrillt, in der neuen Pizzeria hat man sich auf Peka-Gerichte spezialisiert, Sascha, der eine Holzhütte am Strand eröffnete, kocht nun hervorragend Fisch, nachts macht man bei ihm dann auf Disco, nicht nur für die ganz Jungen. Manch halber Greis, den im Winter das Zipperlein plagt, hat sich hier im Sommer eine Maid angelacht, weil im Sommer andere Regeln gelten. Ganz Dalmatien gibt sich vom 15. Juli bis zum 15. August Dionysos hin, dem Gott der berauschenden Feste. In vierzig Tagen macht Milivoj, der Wirt, neunzig Prozent des Jahresumsatzes. Er beschäftigt fünf Kellnerinnen, Studentinnen und Lehrerinnen, je nach Bedarf, und steht selber von Mittag bis fünf Uhr morgens hinter der Bar. Manchmal macht er auch durch. Milivoj molocht ohne Pause bis zum Umfallen – allerdings nur vierzig Tage im Jahr.

»May I introduce you …« Milivoj kam es schwer über die Lippen. »Ach was«, sagte er auf Kroatisch zu mir und dann auf Englisch: »This is Mister Clever«, und zeigte auf einen Mann, der sich vom Stuhl erhob und auf mich zukam. Machte Milivoj einen Witz? Ich wusste nicht recht, woran ich war. Denn Mr. Clever sah nett aus und sehr amerikanisch. Er trug ein buntes Badetuch nach Mexiko-Art über der linken Schulter und lüftete seinen Cowboyhut, um mich zu grüßen. »Mister Clever«, erklärte der Wirt, »hat in Kalifornien viel von deinem schönen Haus gehört und mich gebeten, ihn dir vorzustellen.« Mr. Clever gab mir seine Hand. »Nice to meet you.« Das fand ich auch.

So haben wir uns kennen gelernt. Er heißt übrigens Kleva und nicht Clever und wohnte noch in Pacifica, einem Ort südlich von San Francisco, wo er von seinem Haus aus das Meer sehen konnte. Er hatte auch ein Motorboot in den Staaten. Ohne Boot und ohne Meer kann er nämlich nicht leben. Das fand ich bald heraus, und ich durfte zwischen dem kroatischen Vornamen Slavko und dem amerikanischen Steve wählen, ich wählte den letzteren. Mit siebzehn war er ausgewandert wie die meisten hier, um in Amerika sein Glück zu versuchen. Der Job, die Familie, das Haus, alles nahm seinen Lauf. Im Herzen aber ist er Olibianer geblieben. Keinen Tag, sagte er, hat er seine Eltern vergessen, die alleine zurückgeblieben und alleine auf der Insel gestorben sind. Wie viele andere, die heute zwischen fünfzig und sechzig Lenzen zählen und in ihrer Jugend ausgewandert sind, hat er »drüben« klein angefangen und sich irgendwann als Handwerker selbständig gemacht. »I made it«, das können die meisten der Ausgewanderten sagen, die ihre alte Heimat als mehr oder weniger »reiche Amis« im Sommer besuchen. Steve kann gut zeichnen, und er raucht wie ein Schlot. »In ein paar Jahren«, sagte er, »komme ich zurück. Dann gehe ich auf Olib in die Rente.« Nichts könne ihn in den Staaten mehr halten, auch wenn er dort im Pazifik fischen kann. Fischen im Pazifik! »Das muss doch viel großartiger sein als hier«, sagte ich. »Das stimmt«, hat er geantwortet, »aber nirgendwo ist das Meer zum Fischen schöner als an unserer Küste!«

Am 15. August lud er mich zum Tanzen ein, so richtig »zum Tanzen«, wie in alten Zeiten. Es war »Vela Gospa«, Maria-Himmelfahrts-Tag und auf Olib der größte Feiertag überhaupt im Jahr. Offiziell ist Vela Gospa ein christliches Fest, doch in seinem Wesen ist es eine Orgie, ein antikes Bacchanal. Fein herausgeputzt besuchten wir am Vormittag in der Kirche das Hochamt. Diese Messe ist ein gesellschaftliches Ereignis, bei dem dekolletierte lange Kleider, Schmuck und dunkle Anzüge durchaus angebracht sind. Wäre es nicht so heiß, würden die Damen auch Pelz tragen. Putzsucht ist an diesem Tag eine lässliche Sünde. Am Nachmittag tranken wir mit diversen Verwandten Kaffee. Es sind fast alle Einwohner der Insel miteinander verwandt und nennen sich Cousins, auch wenn sie nur um zwanzig Ecken miteinander verwandt sind. Am frühen Abend wollte er mich abholen. Er hatte sich in eine dunkle Hose und richtige Schuhe geworfen, ich hatte mich fein gemacht und trug ein langes, schulterfreies Kleid. Ich hatte keine Ahnung, was mich erwarten sollte.

Es gab zwei »Events« im Dorf, das eine im Hafen, wo es Musik, Grillfisch und Alkohol gab, und das andere im Restaurant der Zadruga, wo es Musik, Grillfleisch und Alkohol gab. Wir tafelten auf der zweiten Veranstaltung. Die Terrasse war mit Plastikplanen abgedeckt, um »privacy« zu schaffen. Sechs Tafeln waren gedeckt, sechs Familien saßen an diesen sechs langen Tischen, die Hälfte der Familienmitglieder aus Amerika, die Hälfte aus Olib. Es wurde geschmaust und getratscht, und noch war es wie bei jedem Familientreffen, bis die Musik zu spielen anfing. Ivica, unser Müllmann, geriet außer Rand und Band. Einmal im Jahr, an Vela Gospa, zeigt er sein großes Naturtalent als Show-Star. Aus dem Stegreif erzählend, pantomimisch, singend und tanzend vergaß der blonde Hüne sich selbst, und alle lachten Tränen. Danach begann der Tanz, mit Foxtrott, mit Cha-Cha-Cha und Polka. Alte Herren wurden zu jungen Galanen, Hausfrauen zu Ballerinen, Ehepaare tanzten wie auf einem Profiturnier, so als hätten sie das ganze Jahr nichts anderes getan, als auf diesen Tanzabend zu warten. Linkswalzer, Rumba, Rock 'n' Roll. Der Mann meiner Inselfreundin Leona trug sogar echte Profi-Tanzschuhe. Einer tanzte besser als der andere, und auch Steve vergaß zu rauchen und kam in Fahrt. Auf keinem Wiener Opernball, Jägerball und schon gar nicht bei Ellmayr gibt es so gute Tänzer wie auf Olib! Dazwischen gaben zwei original Olibianer Sketches zum Besten, und rührend waren die ganz alten Damen. Uralte Weiblein mit schwarzem Kopftuch und schwarzem Kleid haben als Beobachterinnen des Geschehens auf ihren Stühlen die ganze Nacht bis in den Morgen durchgehalten. Vielleicht erinnerten sie sich an damals, als sie mit ihren Freiern auf Olib um die Wette tanzten. Tanzen war das einzige Vergnügen im Ort, wurde mir erklärt, man übte von Kind an, ließ sich aus Amerika die neuesten Tanzanleitungen kommen und trainierte daheim vor dem Spiegel mit der Mutter, denn der Tanzboden war gleichzeitig auch der Heiratsmarkt.

Wie lange wir geblieben sind, kann ich nicht mehr sagen, nur dass es schon taghell war, als wir daheim zum Frühstück die andern trafen. Auch die Jungs hatten ihre Maria Himmelfahrt gefeiert, sie waren auf der anderen Party im Hafen gewesen. Seit diesem ersten Mal ist dieses Fest Pflicht, für sie und für mich. Man kann, will man nicht mitmachen, vor diesem Fest nur flüchten, indem man die Insel verlässt. Aber wozu? Besser ist, man macht mit. Ohren zu, und durch! Von Jahr zu Jahr wurde die Musik nämlich nicht besser, sondern nur lauter. Wie viele Alkoholleichen die Wege nach Hause säumten, möchte ich gar nicht erwähnen. Meine Söhne und ihre Freunde aber haben berichtet: So orgiastisch getrunken wie auf der Insel wird möglicherweise nur noch in Russland.

Am späten Nachmittag des neuen Tages, am 16. August, reiste mein amerikanischer Freund mit den ersten hundert ab. Viele gaben ihnen an der Mole das Geleit. Wann sehen wir uns wieder? Unter Winken und Schluchzen sind sie über das Meer entschwunden. In den nächsten zwei Wochen folgten ihnen ungefähr vierhundert Sommergäste nach.

Mit einem Schlag kehrte Ruhe auf der Insel ein.

Endlich wieder frische Fische

Kaum waren die meisten Gäste weg, kehrten die Fische zurück. Die Olibianer rüsteten auf. Hobbyfischer und Profifischer warfen sich in ihre Boote, fuhren aufs Meer hinaus und kehrten mit reicher Beute wieder. Mein Tiefkühlfach füllte sich mit frisch gefangenen Fischen.

In Wahrheit verstehe ich überhaupt nichts vom Fisch, obwohl ich weiß, dass man ein Brodet (dalmatinische Fischsuppe) nie umrühren darf, weil dann das Fleisch zerfällt, was es nicht soll. »Fleißig rühren« entspricht nicht der beschaulichen dalmatinischen Lebensart. Diese ist so privilegiert, dass sie auf komplizierte Zubereitungsarten verzichten darf, weil die Grundprodukte so wohlschmeckend und frisch sind, dass sich eine komplizierte Verarbeitung erübrigt. Wohl aber setzt die Kochkunst eine genaue Kenntnis der grundlegenden Eigenschaften eines Fisches voraus, und diese lernt man von Kind auf, indem man mit Opa, Vater oder Onkel fischt. Das Zubereiten von edlen Fischen, etwa von einem frisch gefangenen San Piero (Sankt Petersfisch), überlasse ich deshalb gerne den erfahrenen Köchen im privaten Haushalt und den – wenigen – Spitzenköchen, deren Restaurants ich mit der Zeit kennen gelernt habe.

Auch die besten Fischrestaurants an der Küste leben von der Güte eins frisch gefangenen, im klaren Wasser der Freiheit schwimmenden Fisches. Die echte, dalmatinische Küche ist wesentlich und konservativ. Der Wille zum Experiment ist noch nicht wirklich vorhanden. Man freundet sich ungern mit neuen, exotischen Gewürzen an, etwa mit Zitronengras, das sich so wunderbar mit einem Fisch verträgt und vor allem so problemlos im dalmatinischen Klima wachsen kann, wie man in meinem Garten sehen kann. Auch verwendet man wenig Basilikum, und schon gar nicht die orientalischen Sorten zum Würzen, nimmt lieber Knoblauch und Petersilie, etwas Zitrone, Olivenöl zum Drüberschütten.

Auf Olib wird Fisch, wenn man ihn fangfrisch bekommt und einfrieren möchte, zum Einfrieren nicht ausgenommen. Vor dem Zubereiten tauen sie ihn in Meerwasser auf und putzen ihn im Meer. Sie sagen, dass man Meeresfisch nicht mit Leitungswasser waschen soll.

Das Züchten von Meeresfischen entwickelt sich in Dalmatien zu einem beachtlichen Erwerbszweig. Thunfisch aus der Zucht zum Beispiel wird auch nach Japan exportiert. Dort wird er dann wohl als frischer Fisch verkauft. Einmal brachten mir Freunde einen Prachtband über das Zubereiten von Fischen auf die Insel mit. Darin steht im Kapitel »Fischeinkauf« allen Ernstes, wie alt ein Fisch im Handel nach internationalen Richtlinien sein darf, um noch als frisch zu gelten. Als »fangfrisch« gilt er von null bis drei Tagen, als »sehr frisch« von vier bis sechs, bei sieben bis neun Tagen steht: »auch diese Qualität ist noch außergewöhnlich«, bis zu zwölf Tagen bescheinigen die Autoren dem Fisch noch »gute Qualität«, erst ab einem Alter von fünfzehn Tagen wird der Genuss von Fisch kritisch, ab achtzehn besteht Vergiftungsgefahr. Seit ich dies gelesen habe, kaufe ich Fisch nur noch auf Olib, Ist oder Iž, privat; von wem, das darf ich nicht erwähnen – keiner meiner Lieferanten dürfte seine Fische nämlich verkaufen, weil keiner dazu eine Lizenz hat.

Wirklich gut sind Fische, die frisch sind und nicht aus der Zucht stammen. Wie und woran aber kann man sie erkennen?

Frische Fische können aus der Zucht sein; auf dem Fischmarkt erkennt man sie daran, dass sie relativ billig sind und alle die gleiche Größe haben. Im Restaurant kann man nie sicher sein, ob ein frischer Fisch nicht aus der Zucht ist, weil er einzeln präsentiert wird.

Garantiert frisch und wild sind Fische, deren Blick klar ist und die sich nicht züchten lassen; das sind von den gebräuchlichsten Arten der Schwertfisch, die Zahnbrasse (Dentice), der Petersfisch (San Pietro) und die Sardinen.

Sardinen sind die ehrlichsten Fische, die es gibt – sie sind gesund, billig und gut.

Leider können die Goldbrasse (Dorade) und der Seebarsch (Branzin), die besten Speisefische der Adria, gezüchtet werden; man sollte sie nur in einem Restaurant seines Vertrauens essen oder bei einem Fischer kaufen, den man persönlich kennt. Goldbrasse und Branzin schmecken am besten gegrillt. Will man sie selber grillen, sollte man einen kleinen oder mittelgroßen Fisch nehmen. Große Exemplare sind im Ganzen sehr schwierig zu grillen, weil sie austrocknen. Nur erfahrene Griller können mit ihnen richtig umgehen. Sie grillen die großen Exemplare gerne in einer Folie oder zerschneiden sie in Steaks, eine Zahnbrasse zum Beispiel, die bis zu zehn Kilo wiegen kann, wird in Steaks geteilt. Ebenso ein Meer-Aal, den man gerne fürs Brodet oder das Fischgulasch verwendet, den man aber auch grillen kann. Man bestreicht die Steaks, grillt man sie offen, gerne mit etwas Weißweinessig, dann verlieren sie wenig Saft.

Eine Lieblingsvorspeise der Dalmatiner sind marinierte Sardellenfilets.

Man braucht dazu Sardellenfilets, den Saft von Zitronen, weißen Balsamicoessig, kaltgepresstes Olivenöl, Kräuter wie zum Beispiel Basilikum, Petersilie, Estragon, Pfeffer und/oder Paprikapulver und Meersalz. Man bestreut ein Blech mit Salz und legt die Filets mit der Haut nach unten flach auf das Salz, dann bestreut man die Oberseite der Filets mit Salz und lässt das Ganze zehn Minuten ziehen. Danach den Zitronensaft mit Essig mischen, die Filets damit bepinseln, nach zehn Minuten mit Olivenöl bepinseln, Paprikapulver, Pfeffer und Gewürze drauf. Vor dem Auftragen mit Tomaten und/oder Paprika kann man die Filets noch einmal mit Olivenöl, Pfeffer und Gewürzen verfeinern. Beim Würzen sind der Fantasie keine Grenzen gesetzt!

Die Zutaten zum »Brodet«, der dalmatinischen Ursuppe, sind so vielfältig wie die Inseln – ihr Geheimnis liegt im Detail. Wichtig ist nur, dass die Fische und/oder Meerestiere fest im Fleisch sind und nicht zerkochen und dass man so wenig wie möglich im Topf rührt, am besten gar nicht. Ich verwende als Gewürz Koriander, den ich im Garten ziehe (und zwar entweder die grünen Blätter oder die im Mörser zerstoßenen Samen), und mit Vorliebe Safran. Ich gebe am Schluss auch gerne Rahm in die Suppe.

Ich schneide die Fische, die mir der Fischer dazu gibt, meist Seeteufel, rote Knurrhähne und Meeraal (Ugor), in circa zwei Zentimeter große Würfel, gebe auch Seespinnen oder Krabben bei, mit Vorliebe als Gewürz auch frischen Stangensellerie oder im Frühling frischen Fenchel, der hier überall wächst; ich verwende keine Zwiebeln (mit ordentlich viel Zwiebeln mache ich lieber eine Fischgulaschsuppe), aber manchmal Kartoffeln. Ich röste den Fisch in einer Pfanne in Olivenöl, gebe einige Tomatenwürfel bei, auch einen Suppenwürfel und den Safran oder andere Gewürze und lasse das Ganze je nach Fischart nicht allzu lange köcheln – etwa fünfzehn Minuten. Rahm dazu und frisches Knoblauchbrot. Gut passt dazu auch Weißbrot, mit etwas Käse überbacken. Das schmeckt sehr lecker und deftig und nimmt den Fischen den heiligen Respekt, den ihnen so manch überkandidelter Gourmet zollt!

Wenn man Fisch im Überfluss hat, so wie ich, dann kann man zu experimentieren beginnen. Gut schmecken die Rotbarben (Triljie), die ich meist tiefgefroren auf Vorrat habe, auf Couscous. Ich dünste sie mit weißem Rettich und Karotten, auch mit Kartoffeln, Knoblauch und Zwiebeln, und bereite das Couscous (von daheim mitgebracht, hier habe ich es noch nirgendwo im Regal gesehen) unter Dampf zu. Gewürzt wird nachher – mittel bis ganz scharf mit Harissa oder Chilipaste. Um Himmels willen, heißt es dann, wie kann man diese Fische nur zu scharf essen! Rotbarben schon, denn sie sind ein »fischiger« Fisch und als solcher ohne Würze nicht jedermanns Geschmack.

Wenn Gäste kommen, für die frisch gefangener Meeresfisch eine Seltenheit bedeutet, dann ist es aber aus mit dem Experimentieren. Der Fisch wird gegrillt. Die Arbeit übernimmt der Hausherr oder ein männlicher Gast, die Frauen verwirklichen sich in den Soßen oder im Salat. Kleinere Fische kann man bei einem überraschenden Besuch auch putzen, ausnehmen, im Meer waschen, mit einem Haushaltstuch abtupfen, in Mehl wälzen und kurz auf mittlerer Flamme in Olivenöl braten.

Olib ist nie eine Fischerinsel gewesen. Die Bewohner waren Bauern, am Ertrag des Bodens interessiert. Ganz anders als die Einwohner der benachbarten Inseln Silba und Ist, die ihren Erwerb zum Meer hin ausgerichtet haben. Ganz zu schweigen von den Bewohnern der Kornaten, die werden schon mit Flossen statt Füßen geboren. Fischereiberechtigungskarten müssen sie wie jeder, der in der Adria fischen will, in den zuständigen Hafenämtern lösen. Man unterscheidet zwischen privaten und Profifischern – der Unterschied liegt in der Art der Netze und des Zubehörs, das man verwenden darf.

Traditionell ist Fisch in den Meeresländern weniger wert als Fleisch. Deshalb umgibt man ihn auch nicht mit dem noblen Getue, wie es im Alpenraum üblich ist, man denke hier an das »Fischmesser«, das man zu diesem Zwecke erfunden hat. Fisch auf Olib isst man mit der Hand.

Ein Fischessen auf unserer Insel ist ein Erlebnis. Da schmatzt es und zutzelt, da schlürft und spuckt es nur so über den Tisch. Dazwischen wird geredet, und all die Warnungen meiner Mutter, dass sich Fischessen und Reden ausschließen, sind Luft.

Aufgedeckt werden – als Hilfsmittel – zum Teller eine Gabel und Brot. Kein Löffel, kein Messer liegt auf dem Tisch. Der Fisch wird in Portionen zerteilt serviert und auf den Teller geflutscht. Für Unkundige beginnt nun der Kampf gegen die Gräten und die Zeit, für Einheimische der Genuss. Sie nehmen das Brot in die eine, die Gabel in die andere Hand und zerteilen die Portion. Was sich mit der Gabel essen lässt, wird mit der Gabel in den Mund geschoben; was nicht, kommt unter die Finger. Dass Fisch auf den Inseln mit der Hand gegessen wird, hat große Vorteile, denn schon die Fingerspitzen fühlen, wo die Gräten sind. Diese werden aber nicht gleich entfernt und auf das Plastiktischtuch neben den Teller gelegt oder auf die Papierserviette, sondern zuerst abgelutscht, Gräte für Gräte, bis sie völlig ohne Fleisch sind. Auch mit den Knorpeln, den Flossen, dem Kopf verfährt man so. Zutzeln und Lutschen – der Erfolg liegt danach sichtbar auf dem Tisch. Während sich neben dem Teller des Gastes Berge von Gräten mit Haut, Fleischresten und Knorpeln bilden, die mindestens eine ganze Katze zwei Tage lang ernähren können, liegt neben dem Teller des Hausherrn nur noch Gerippe, sauber bis aufs Bein.

Ist alles ordentlich verzehrt, wird mit dem Brot noch die Soße aufgetunkt, die sich gebildet hat, eine Mischung aus Saft und Olivenöl, denn selbstverständlich muss der Fisch, ob gekocht oder gegrillt, bevor er gegessen wird, in Öl schwimmen. Ob Freiherr von Knigge es nun erlaubt oder nicht: Fisch, auf dalmatinische Art, mit den Fingern zu essen ist die sicherste und auch die genüsslichste Art.

Nach dem Mahl reicht übrigens auch der einfachste Gastgeber dem Gast eine Schüssel mit Wasser, ein feuchtes Frotteetuch und eine aufgeschnittene Zitrone, ganz nach feiner Manier. Mundwinkel werden damit von Öl, Finger von Fischresten befreit.

Für das Putzen, bevor man den Fisch kocht, habe ich einen persönlichen Tipp, da mich an Fischen nur eines stört: der Geruch. Nur unter Mühen und aus ehrfürchtiger Pflicht gegenüber stolzen dalmatinischen Fischern und Züchtern begebe ich mich auf Fischerboote und Fischmärkte. Ein Fischkutter, beladen mit frischem Fang am frühen Morgen, wenn der Fisch vom Boot herab verkauft wird, ist mir also viel lieber als jeder Fischmarkt: Der Fisch stinkt (noch) nicht, riecht aber natürlich nach Fisch. Dieser Geruch weicht auch nach dem Putzen, trotz einer Nachbehandlung der Hände mit Zitrone, nicht von der Haut und haftet lang. Daher habe ich mir im Drogeriegroßmarkt Einweg-Latexhandschuhe gekauft, im Mehrfachpack – Fischputz-Präservative sozusagen, gefühlsecht. Sie sind eine Wucht. Denn nun macht mir das Putzen von frisch gefangenem Fisch überhaupt nichts mehr aus. Ich schuppe sie ab und nehme sie aus, dabei sitze ich auf einem großen Stein am Strand, wasche die Fische zu guter Letzt noch mit dem Meerwasser sauber und behalte die Handschuhe so lange an, bis der Fisch in der Pfanne liegt.

Feigen, Trauben und Oliven

Auf unserer Insel wachsen überall Feigen, und es gibt sechs einheimische Sorten; sie tragen von Juni bis November Früchte, und wenn man es richtig macht, kann man das ganze Jahr Feigen essen.

Die im Juni reifen, sind fleischig, saftig und nicht besonders süß, auch wenn sie dunkelbraun werden. Man kann sie schon in grünem Zustand essen. Die Früchte sind groß und länglich, sie eignen sich nicht zum Trocknen, schmecken aber sehr gut zum dalmatinischen Rohschinken (als Alternative zu den Melonen) und zu gegrilltem Lamm. Die spät reifenden Feigen eignen sich am besten zum Trocknen. Sie sind klein und rund und werden schon am Baum sehr süß. Will man sie trocknen, dann wartet man mit der Ernte, bis sie vollreif sind, dies ist im September der Fall. Man nimmt sie an den Stielen vom Ast und legt sie nebeneinander auf Holzroste an einen luftigen und sonnigen Platz. Nachdem sie bei sonnigem Septemberwetter an der oberen Seite trocken geworden sind, dreht und wendet man die einzelnen Feigen auf ihre anderen Seiten, nach zwei bis drei Wochen rollt man sie hin und her und fädelt sie auf einem Spagat zu einem Feigenkranz auf. In Dalmatien gibt man zwischen die einzelnen Feigen im Kranz, aber auch wenn man sie in Kistchen lagert, ein Lorbeerblatt. Wie die Olive braucht der Feigenbaum zum Wachsen sehr wenig Wasser. Feigen zu vermehren ist einfach. Im März oder April, wenn sie

Knospen bilden, schneidet man von einem Ast einen Zweig mit drei Enden ab, die Knospen haben. Diesen Zweig setzt man dann so in die Erde, dass der mittlere Teil aus der Erde schaut und nach oben wachsen kann.

Ab August reifen die Trauben, wobei die Weinlaube vor dem klassischen dalmatinischen Haus manchmal auch die Tafeltrauben liefert. Meist hat man in der Laube sogar verschiedene Sorten gepflanzt, sodass sie zu unterschiedlichen Zeiten reifen.

Leider baut niemand auf Olib mehr Weintrauben zur Weingewinnung an, weil die Pflege der Weinstöcke zu viel Arbeit macht, und angeblich die Arbeitskräfte fehlen. Hunderte der alten Weingärten liegen brach. Traurig denkt man daran, dass die Insel noch vor etwas mehr als einem halben Jahrhundert Wein sogar nach Italien exportierte. Dennoch machen viele hier ihren eigenen Wein. Die Trauben für den Rot- und den Weißwein, den einige selber keltern, kaufen sie im Herbst aus einem Container, der auf dem Fährschiff aus Šibenik kommt. Je nach dem Zuckergehalt der Jahresernte zuckern sie die Maische auf oder lassen das Aufzuckern sein. Der rote Hauswein schmeckt süffig; der Weiße, der mir bisher kredenzt wurde, ist nur mit Wasser zu genießen, als Durstlöscher in der Verdünnung drei zu eins. Viele Bewohner kaufen ihren Wein aber beim Bauern; die Region bei Žemunik, im Hinterland von Zadar, ist der bevorzugte Ort, wohin sie zum Weineinkauf fahren. Ich war auch schon dort, konnte mich aber noch nie für einen Wein aus dieser Region erwärmen. Entdeckt habe ich dabei aber schöne Anwesen, Ringhöfe im italienischen Stil, mit Schuppen und Weinpressen, mit Schinkenpressen und Kellern, in denen die Rohschinken zum Trocknen hängen, mit Ölmühlen und Wagenburgen.

Die Vernachlässigung des Weinbaus schmerzt ein bisschen, denkt man daran, wie sehr sich die Einwohner Olibs früher bemühten, auf dem steinigen Boden Weingärten anzulegen. Aus Rodungen konnte man so viele Weingärten machen, wie man brauchte. Man musste den Wald von Hand mit der Axt schlagen, die Wurzeln alle ausgraben und im ersten Jahr Futterweizen säen. Im zweiten Jahr pflanzte man den Wein. Man baute sieben Sorten weiße, drei Sorten rote und zwei Sorten dunkle Trauben an. Die Kunst des Verschnitts der Sorten war den Alten wohlbekannt, und sie waren darin Meister im Vergleich zu dem, was heute an Wein angeboten wird. Der Hauswein der Insel war weiß, von goldener Färbung. Aus ihm hat jede Familie auch selber ihren Prošek gemacht. Ivan Mikulićić, unser Inselchronist, erinnert sich noch genau an die eigenwillige Erzeugung des Süßweins, den die Frauen gerne tranken:

»In einem riesigen Kessel kochte man Weißwein auf ein Drittel seiner Menge ein. Diese füllte man in einen Glasballon und ließ ihn einen Monat rasten, sodass die Schwebstoffe nach unten sanken. Dann hat man ihn in Flaschen abgezogen und diese verkorkt.«

Viele pflegeintensive Weingärten hat man in den letzten fünfzig Jahren in pflegeleichte Olivengärten umgewandelt, viele alte Olivenhaine sind aber verwildert und von Gestrüpp überwachsen. In einigen Gärten gibt es Olivenbäume, die mehrere hundert Jahre alt sind. Man hat die meisten von ihnen aber ausgeschlagen; das heißt, man hat ihre Hauptstämme gekappt, aus denen neue Stämmchen gewachsen sind, die noch die alten Sorten tragen.

Oliven brauchen, wie die Feigen, keine künstliche Bewässerung und relativ wenig Pflege. Und so hat jeder hier, wenn schon keinen eigenen Wein, so doch sein eigenes Olivenöl – wenn es Oliven gibt. Die alten Sorten tragen sehr unregelmäßig, die modernen, italienischen Niederstammsorten sind relativ zuverlässig; wer neu anpflanzt oder nachsetzt, wählt deshalb die neuen Sorten. Hauptsächlich aber gibt es noch die alten Sorten, und die tragen mal gar nichts, dann wieder kann es sein, dass sich die Äste unter der Last der Früchte biegen. Wie die Ernte ausfallen wird, sieht man im Oktober. Wird es genügend Oliven geben, dass man sie in der zur Zadruga gehörenden Presse pressen kann, dann fangen die Eigentümer der Bäume mit dem Vorbereiten der Ernte an. Das Gras unter den Bäumen muss kurz gemäht und die Wiesen gesäubert werden. Beladen mit Motorsensen Marke »Schweden« und »Österreich« ziehen Männer und Ehefrauen auf ihren Quads und Minitraktoren in die Wälder hinaus, wo ihre weit verstreuten Besitzungen sind. Ein Hain ist hier, ein anderer dort. Wie ein Fleckerlteppich überziehen die Eigentumsverhältnisse das Land, und so muss ein Olivenbaumeigentümer oft an zehn, zwanzig verschiedene Orte, um seine hundert Bäume zusammenzukriegen. Die größte Menge, die ein Mensch an einem Tag an Oliven pflücken kann, sind hundert Kilo, woraus man 15-18 Liter Öl pressen kann. Im Jahr der überladenen Bäume fingen meine Nachbarn alle schon im September mit dem Mähen und Säubern des Bodens an. Wenn es windig war und sie nicht fischten, gingen sie in den Wald, viele Tage hintereinander. Im Oktober dann stellte sich heraus, dass die Früchte von einem Schädling befallen waren, einer Olivenfliege, die ihre Eier in die Früchte legt, sodass die Maden die Früchte fressen und diese vertrocknen. Auch das kann passieren, wenn man, wie bei uns, die Bäume ganz der Natur überlässt.

Um dennoch eine Ausbeute zu erzielen, wurden die Oliven vorzeitig geerntet. Alte Olivensorten reifen zu unterschiedlichen Zeiten. Die ideale Olive entwickelt im reifen, dunklen Zustand das beste Öl; die höchste Menge enthält sie aber, wenn sie grün ist. Um die optimale Qualität und Ausbeute zu erreichen, erntet man sie in einem Zwischenzustand, wenn sie halbreif ist, sie hat dann eine gesprenkelte Haut. Dies kann man jedoch nur in einem Idealjahr tun, in dem es viele Oliven und keine Schädlinge gibt. Gegen die schädlichen Insekten gibt es aber Fallen, die die Tiere mit Hormonstoffen anlocken und dann unschädlich machen. Nicht jeder Hobby-Olivenbauer will sich die Fallen leisten. So gab es im reichen Olivenjahr viel Arbeit, aber leider kein ausgezeichnetes Öl. Ein Feinspitz schmeckt aus dem Öl heraus, dass die Oliven nicht gesund waren. Er schmeckt übrigens auch heraus, aus welcher Gegend die Oliven stammen. Je nördlicher die dalmatinische Insel, desto herber ist das Öl. Das Olivenöl von Olib ist vielen zu kräftig, und sie mischen es zur Hälfte mit Pflanzenöl. Ich hingegen verwende es pur, in kleinen Mengen. Das Öl aus dem Jahr 2001 war von höchster Güte und für meinen Geschmack nicht zu scharf. Es sei weniger der Standort als der Jahrgang, was die Qualität ausmacht, meinte die Produzentin, die mir einen Liter schenkte, was ich hoch zu schätzen weiß, da die Freigebigkeit der Olibianer bei Eigenprodukten normalerweise sehr begrenzt ist.

Olivenöl ist in der traditionellen Hausmedizin der Insel ein beliebtes Mittel. Es wird zum Einschmieren bei rauer Haut verwendet, es wirkt gegen Verstopfung und man kann es als Ölfleck bei Verkühlungen auf die Brust legen. Interessant ist es, wie man nicht nur auf Olib, sondern auch auf den anderen kleinen Inseln die Oliven vor dem Pressen aufbewahrt. Da die Olivenernte von Hand erfolgt, es aber nur eine Gemeinschaftspresse gibt und diese nur in einem bestimmten Zeitraum in Betrieb ist, müssen die Oliven gelagert werden – und zwar in Meerwasser. Sie werden gesammelt und in Fässer gegeben, die man mit Meerwasser füllt. So bleiben sie frisch und verlieren nicht an Qualität. Sagen die Inselmenschen. Die Chemiker aus den Labors in der Stadt haben eine andere Meinung, die sie auch durch Analysen belegen. Ich brachte mal eine Ölprobe zur Untersuchung ins Labor nach Zadar. Es war 2005 und das aus der Ernte von 2004 gepresste Öl schmeckte großartig, viel besser als eines, das mir jemand aus Šibenik mitbrachte, wo man sehr professionell, in modernsten Mühlen, Öl produziert und sich auf die EU vorbereitet. Das Ergebnis der Analyse war vernichtend. Der Säuregehalt war viel zu hoch und die Verunreinigungen ganz furchtbar. Der Chemiker klärte mich auf, sagte, dass diese alte Methode des Lagerns völlig falsch sei und so weiter und so fort. Dann gab er mir ein sogenanntes Spitzenöl zum Kosten, das nach nichts schmeckte. »Das«, sagte er, »wird frisch gepresst, am Tag der Ernte.« So etwas kann man aber auf kleinen Inseln, wo Omas und Opas, Kinder, Enkelkinder und Freunde die Oliven dann pflücken, wenn sie Zeit haben, nicht machen. Soll der Lebensmittelchemiker sagen, was er will. Nach seinem »Urteil« fand das »Meer-Öl«, wie wir es nennen, in Wien unter Familie und Freunden reißenden Absatz, weil es viel besser als das superreine EU-Öl ist.

Es gibt zwei lokale authentische Olivensorten auf Olib: die großfruchtige Orkula und die kleinfruchtige Domiaca. Sie sind einfach zu vermehren, man schneidet einen entsprechenden Zweig mit Trieben ab und setzt ihn ein. Nach fünf Jahren beginnt er schon ein wenig zu tragen. Den Boden der Olivenhaine und Weingärten hat man früher sehr gepflegt und es nicht wie heute beim Abschneiden der Äste belassen. Man hat den Baum immer von Unkraut, wilden Stämmen und wuchernden Wurzeln befreit.

Der Chronist Mikulićić schreibt dazu: »Das Öl wurde in Kaltpressung hergestellt. Die Oliven wurden, vermischt mit Meerwasser, in die Presse gegeben und zwischen den Steinen zermalmt. Danach wurde der Brei durch Korbgeflechte gepresst. Die dicke Flüssigkeit ließ man stehen, bis sich von selber an ihrer Oberfläche das Öl circa eine Handbreit abgesetzt hat. Es wurde von einem geschickten Jungen abgeschöpft und in einen Behälter geleert (Kamenica), die Schwebstoffe setzten sich am Grund ab. Bis zu zwei Jahren konnte das Öl im Steinbottich an einem kühlen Ort (Konoba) lagern, wo es im Winter meist fest wurde und mit der Wärme im Frühling wieder flüssig.«

Die großfruchtige Sorte ließ man auch ausreifen. Die schwarzen Oliven wurden, nach dem Brotbacken, über Nacht in den Backofen gelegt und als Delikatesse, in Zucker (!) gewälzt, gegessen. Der Zucker neutralisiert die Bitterstoffe ebenso wie das Salz. Darum wurden Oliven auf anderen Inseln, etwa in der Gegend von Biograd, für zehn Minuten in Meerwasser gekocht und vor dem Essen mit grobem Meersalz bestreut. Beide Zubereitungsarten sind »urig«, und in beiden Fällen schmecken die Oliven optimal zu einem Gläschen Prošek als Vor- oder Nachspeise.

Altweibersommer

Ende September kehrte im Dorf Ruhe ein. Meine Söhne und ihre Freunde waren nach Wien zurückgefahren, und ich war wieder einmal fast allein. Statt der frühsommerlichen Raupen krochen nun Tausendfüßler durch das Haus, langsame, beständige Tiere, die man mit einem Papier anfasst und vor die Türe expediert; sie fühlen sich hart wie ein Holzstäbchen an, nicht weich wie zum Beispiel ein Wurm. Man darf sie ja nicht zerquetschen, denn einige von ihnen, angeblich entweder die Weibchen oder die Männchen, verbreiten einen fürchterlichen Gestank, der sich nur schwer entfernen lässt. Die Tausendfüßler scheuen das Licht, sammeln sich in dunklen Winkeln oder unter Holzstößen, und wollte man sie loswerden, müsste man »japanisch« ohne Möbel wohnen. Man nimmt es also in Kauf, sie einzufangen oder sogar mit ihnen im Einklang zu leben. Ein alter olibianischer Spruch sagt ohnehin, dass Tausendfüßler im Haus Glück bringen. Ja, mit dem Haus und der Insel hatte ich Glück. Aber war ich auch glücklich? So ganz ohne Partner, und das auf einer Insel?

»Wenn du hier auf einen wartest«, sagten Sabina, Romana, Nora und Renate, meine Freundinnen aus Österreich, »wirst du dabei alt.« Wie Recht sie doch hatten, wir saßen zu fünft im milden Sonnenschein und schwammen im noch milderen Meer. Altweibersommer! Die letzte Chance! Auch Vesna, Nives, Silba und Luisa befanden: »Du musst mehr unter richtige Leute.« Ende September bekam ich eine Einladung nach Murter, zur »Vela Latina«, der historischen Kornaten-

Regatta. »In Murter«, so flüsterte mir eine Bekannte, »gibt es tolle Männer, lauter Piraten, auch wenn sie Zimmervermieter und Wirte, Kellner und Architekten, Professoren und Ärzte, Köche und Ingenieure sind. Sie sind charmante Raubeine, Machos nach Dalmatiner Art.« Die Beobachtungen meiner Bekannten erwiesen sich als zutreffend. Als ich mich im Hafen von Murter unter die Menschen mischte, hatte ich nicht den Eindruck, als wollten die Männer mit einem gepflegten Äußeren punkten. Sie waren urig, aber sympathisch, eine Gruppe von Idealisten, die ihre alten Traditionen pflegen: das Segeln und das einfache Leben in den Kornaten.

Ausgangspunkt der Regatta war Murter, ein Städtchen mit 2500 Einwohnern auf der gleichnamigen Insel, die durch eine Brücke mit dem Festland verbunden ist. Man fährt von Zadar aus über Sušak und Biograd Richtung Süden, und könnte man die hässlichen Ferienorte unsichtbar machen, so hätte man tatsächlich eine traumhafte Küstenlandschaft neben sich. Kleine kegelförmige »Gugelhupf«-Inseln geben dem Meer, das wie ein See aussieht, einen verzauberten Charakter.

1980 wurde die kahle Inselgruppe der Kornaten zum Nationalpark erklärt. War sie zuvor ein Geheimtipp unter Seglern und Alternativtouristen gewesen, so wurde sie, als Nationalpark stark beworben, für den Massenjachttourismus entdeckt. Der hübscheste Ausgangspunkt für diese Ausflüge ist Murter, ein dalmatinisches St. Tropez mit einer malerischen Altstadt, schmalen Gassen, Hafencafés und urigen Lokalen, von denen die berühmtesten das »Tic-Tac« und das »Zameih vjetar« sind, Highlights der dalmatinischen Gastronomie.

Am Nachmittag vor der Regatta gaben sich die Freunde des lateinischen Segels ein Stelldichein im Hafen, es gab Small Talk und Fachgespräche, Wein und gegrillte Sardinen. Sie schmeckten vorzüglich. Zubereitet wurden sie von Balara, dem Wirt einer gemütlichen Hafenschenke, in der man auch sehr gut speisen kann. In dieser Schenke treffen sich die Murteraner zum Kartenspielen und zum

Plauschen, aber so, dass für Touristen, die eine urige Atmosphäre schätzen, noch Platz bleibt. Zwei Seebären luden mich an ihren Tisch ein, mir gegenüber saßen zwei schwarze Witwen mit Gesichtern, die von tiefen Falten zerfurcht waren, und unterhielten sich köstlich. Sie aßen genussvoll ihre Sardinen, dazu tranken sie mehrere Becher Wein.

Eine von ihnen war Kate, sie war mit 97 die älteste Frau des Ortes, und sie rauchte einen Tschik nach dem anderen. Dabei ließ sie sich stolz von mehreren Journalisten fotografieren, auch das Fernsehen nahm sie auf. Die Fragen an sie drehten sich um das Altwerden und die Gesundheit. »Rauchen«, antwortete sie, »schadet nicht. Man muss dazu nur viel Wein trinken und genug Olivenöl auf das Essen schütten.«

Balara war ein umwerfend attraktiver Mann, sicher über einen Meter neunzig groß und mit Muskeln bepackt wie Poppeye the Sailor. Er trug ein schmutziges enges T-Shirt mit kurzen, angeschnittenen Ärmeln, er hatte es über den Bauch bis kurz unter die Brustwarzen hochgerollt. Und wie Poppeye the Sailor hatte er auch eine kleine, hübsche Frau. Sie fuhr mit einer Vespa herum und kontrollierte die Szene. Balara servierte mir die Sardinen persönlich. »Auf diese zwei Tage«, sagte er, »freue ich mich das ganze Jahr. Die Vela Latina ist das Schönste, was es gibt.« Er legte mir zwei Fische auf ein Brot und holte aus einer Flasche hinter einer Kiste seinen eigenen Wein hervor. »Wenn Sie möchten«, sagte er, »nehmen wir Sie heute mit.« Ich sagte schnell zu, denn zuvor hatten mich schon ein paar andere zum Mitsegeln eingeladen, die noch antiker waren als ihre Boote. Und ich wollte mich ja gut unterhalten.

Unser Boot war ein schlichter hölzerner Kahn mit einem Holzmast und einem Segel nach alter Manier, hübsch weißblau gestrichen, ein wenig dreckig, aber ohne Leck. Balara nahm noch einen Freund mit, einen Mann namens Grobi. Er war etwas zerknittert und wirkte verschlafen, sprach dem Wein zu und rauchte Kette, aber sonst war er nett, ein verlässlicher Helfer an Bord. Bei schwacher Brise segelten wir, um uns einzustimmen, mit vielen andern Booten in den Nachbarhafen, wo schon wieder eine Grillparty ihre Rauchsignale in die Luft schickte. Diesmal gab es Ćevapčići und noch mehr Wein. Null Promille gilt nur für Kroatiens Straßen, am Meer regnet es Alkohol ohne Limit.

Ein paar der urigen Murtermänner stimmten ein altes Fischerlied an, ein inbrünstiges Heulen, das beinah wie ein Walgesang klang, eine archaische Melodie aus der Zeit der Illyrer, der dalmatinischen Urpiraten.

Die Stimmung erreichte ihren Höhepunkt, als ein Boot einlief, das als »Gast« mitsegeln durfte, weil es nicht aus der Region und von anderer Bauweise war: ein Boot von der Insel Vis. Man hatte dort beim Tauchen ein altes Wrack gefunden und es nachgebaut. Das Boot besteht aus zwei Teilen, der obere Teil des Rumpfes ist Brett für Brett abnehmbar. Wie Teile aus einem Baukasten sind diese Bretter ineinandergesteckt. So konnten die Seeräuber das zwölf Meter lange Boot bei Bedarf auseinandernehmen und über Riffe, Klippen oder flaches Wasser tragen und aus dem Blickfeld der Verfolger verschwinden, um es danach leicht wieder zusammenzustecken und mitsamt der Beute zu entkommen. Ein Regattateilnehmer klärte mich darüber auf, wie es die alten Seeräuber machten: Sie griffen nie auf offener See an, sondern lauerten den Handelsschiffen in den Buchten auf, warteten, bis diese Anker geworfen hatten, und kletterten an Bord, meist in der Nacht. Um die Schiffe in die Buchten zu locken, versetzten sie die Leuchtfeuer. Oder sie nutzten die Bora, vor der sie sich nicht fürchteten und die sie viel besser kannten als die anderen. Besonders die venezianischen Seeleute machten sich ja gleich in die Hosen. Kam ein starker Wind auf, suchten sie sofort einen sicheren Hafen.

Ich setzte mich etwas abseits auf eine Bank. »Ist es Ihnen auch zu heiß?«, fragte einer, der sich dazusetzte. Er trug ein verwaschenes

Hemd, hatte einen mächtigen Bauch und wirkte sehr relaxed. Er war redselig und erzählte von seinen Abenteuern: wie er mit seinen drei Kumpels in zwei alten Booten tagelang in die Kornaten hinausfährt, mit nichts dabei als ein paar Sachen zum Fischen, Trinkwasser, Wein und Brot und einem Schlafsack. »Was macht ihr denn nur die ganze Zeit?«, habe ich ihn gefragt. »Nichts«, sagte er nur, »wir schweigen.«

Auf der Heimfahrt in den Hafen von Murter herrschte Flaute, Balara warf den Motor an (eine Konzession der Moderne an das lateinische Segel), und sein Freund wurde munter. Er kroch aus der Kajüte. »Frauen an Bord«, sagte er, »bringen Unglück«, aber bei mir habe man halt eine Ausnahme gemacht. Denn außer mir sei auf keinem der anderen Boote eine Frau. Ob »Frau an Bord« Unglück bringt oder nicht, vielleicht hat es auch viel banalere Gründe, dass man Frauen nicht mitnimmt. »Dreh dich jetzt bitte nicht um«, sprach nämlich bald darauf der Steuermann, »ich muss aufs Klo« – damit meinte er die blaue Adria. Als das Werk getan war, meinte er scherzhaft, ich hätte die Generalprobe bestanden und sie würden mich mit auf die Regatta nehmen, unter einer Bedingung: ich dürfe nur reden, wenn ich gefragt werde, und überhaupt keine Fragen stellen. »Wir tun ja immer, was die Frauen wollen«, sprach er, »aber nicht auf dem Boot. Hier gehorchen wir nur Mutter Natur. Und unser Meister an Bord ist der Wind.« Ich versprach hoch und heilig, schweigsam zu sein.

Am nächsten Tag waren vierzig Boote an der Mole vertäut. An die hundert Zuschauer, meist Familienmitglieder und Freunde, ein paar Journalisten und das Fernsehen waren da. Wir machten uns startklar, und pünktlich um zehn Uhr ging es los. Der Jugo blies voll in das Segel, die Situation war ideal. Bald fanden wir uns im Spitzenfeld. Wir waren zu viert, und tatsächlich – weit und breit war außer mir keine Frau zu sehen, ich fühlte mich im wahrsten Sinne des Wortes ausgezeichnet. Und während die anderen mit vollen Segeln übers Wasser glitten, drehte Balara etwas steiler an den Wind, ich wusste es, wir waren ihm zu langsam, und er war ehrgeizig. Er riss das Steuer herum und lockerte das Segel zum Wenden. Da krachte der Mast. Er war genau in der Mitte auseinandergebrochen. Aus war es mit der Regatta. »Nein«, sprach es in mir, »nein, ich bin es nicht, ich bringe kein Unglück.« Aber da waren die Blicke – ein jeder der Crew schaute mich an, ob zornig oder traurig, jeder auf seine Art. Im Hafen dann, an der Mole, verstand ich nur: »... eine Frau ...« Und wenn es auch scherzhaft gemeint war: ich blieb nicht bis zur Siegerehrung. Ich trollte mich wie ein nasser Pudel davon und fuhr, selbst ein bisschen traurig und nachdenklich, zurück in Richtung Zadar.

Verliebt in einen Riesen

Ich hatte den ganzen Tag nichts gegessen und war hungrig. In Sukošan kehrte ich in der Konoba »Guste« ein, sie ist eine der besten an der Küste, auch weil sie rustikal und gemütlich eingerichtet ist: mit Natursteinwänden, schönen alten Bänken und Tischen aus dunklem Holz und einem offenen Kaminfeuer, in dessen Glut Fleisch und Fisch unter der Peka gebraten werden. Ich war schon zweimal hier gewesen, die Wirtin erinnerte sich an mich und gab mir einen Tisch, wie ich ihn gerne mag: mit Rückendeckung und Blick zum Ausgang. Sie stellte mir in Meerwasser gekochte und in Salz aus Pag gerollte schwarze Oliven auf den Tisch, meine Lieblingsvorspeise, die nicht auf der Karte steht.

Ein Mann kam durch die Tür, ich war beeindruckt. Er war sehr groß, vielleicht zwei Meter und etwas zu fett, ein Bär, charmant und doch grausam. Ein Pandur, wie ihn die Kaiserin liebte. »So schöne Männer«, soll Kaiserin Maria Theresia ausgerufen haben, als Freiherr von Trenckh mit seinen Kroaten vor ihr paradierte. Die Panduren waren hochgewachsene Gestalten, Küstenkroaten und ehemalige Räuber aus der Lika, die man auf sämtlichen Kriegsschauplätzen Europas fand. Sie waren auffallend bunt gekleidet, Rockstars im Rokoko-Zeitalter und die Stütze des Heeres von Maria Theresia.

Es gibt unwahrscheinlich viele große Leute an der Küste, und einmal las ich, dass diese Leute aus den Bergen stammen. Als die kroatischen Giganten in Friedenszeiten nicht mehr gebraucht wurden, hat man sie ihrem Schicksal überlassen. Einige heuerten bei fremden Heeren an, gingen sogar nach Amerika, um im Bürgerkrieg zu kämpfen, andere gingen dorthin zurück, woher sie gekommen waren, in die Berge auf dem Balkan und in das Grenzland der Lika. Darum sagt man in Dalmatien zu den großen Leuten, dass sie »aus den Bergen stammen«. Heute spielen die Riesen im Basketballklub Zadar, er ist Weltklasse. Und geht eine Frau wie ich, eine mit einem Meter achtzig Körpergröße auf eine Party, bei der alle herumstehen, ist sie Mittelmaß und gehört niemals zu den Größten wie in Wien, in der Stadt der Zwerge. Auch unter den Frauen in Dalmatien gibt es viele überdurchschnittlich große, und sie haben große Füße! Ich kaufe meine Schuhe nur noch in Zadar, hier ist nämlich meine Schuhgröße 41 ganz normal (in Italien finde ich nie Schuhe, die Nummerierung endet dort bei 39).

Der Riese hatte ein volles Gesicht, über der Stirn tiefe Zornesfalten, kleine Augen, eine scharfe, gebogene Nase, dunkle, kurz geschnittene Haare, einen grauen Sechstagebart, er trug bequeme Jeans, ein rotes Poloshirt und eine alte Lederjacke. Er nahm am Nebentisch Platz. Er gefiel mir. Sein Handy summte dreimal, er nahm die Anrufe entgegen, er beschwichtigte, beruhigte, schien eine Art Vermittler zu sein. Dann drückte er auf die Ausschalttaste, steckte das kleine Ding in die Jacke und lehnte sich zurück. Er bestellte einen Aperitif.

Auch er beobachtete mich, ich fing seinen Blick auf. Und bald standen zwei Gedecke auf einem Tisch, Fische, Gemüse und Gräten und eine Flasche Wein. Er hatte bernsteinfarbene Augen und lächelte verschmitzt. Er handelte mit Waren; ich fragte nicht, mit welchen, und auch nicht, ob er dafür wohl den Zoll zahlt. Zu Geschäftszwecken musste er öfters in Italien, Deutschland und Österreich sein. Er hatte eine weiche Baritonstimme und sprach Englisch mit einem starken slawischen Akzent. Er war ungefähr fünfzig, mit oder ohne Familie? Er hieß Zvonimir wie der große kroatische König und der Sohn von Karl Habsburg und sagte: »It is all very complicated.« Das genügte. Hauptsache, er war mal Staatsmeister im Wasserball gewesen, Butterfly-Schwimmer und immer noch aktiv im Basketball. Im Geheimen gab ich ihm zwei Spitznamen: Der eine war Neptun für die Urgewalt, die aus dem Meer auftaucht und Nixen verspeist. Der zweite war Kater Karlo für einen, der gemütlich wirkt, aber doch krumme Sachen macht. Er kam von Dugi Otok, der langen Insel, aber jetzt lebt die Familie in Biograd. Die Urgroßväter waren Hirten im Velebit und sind dann Fischer und Schmuggler geworden. Der Vater war ein aufrechter linker Partisan. »Wart ihr auch Piraten?«, fragte ich. »Warum nicht«, sagte er, war geehrt und verlegen. Ich stellte mir vor, wie er sich in einen Piraten verwandelt, mit einem Ring im Ohr und einem breiten, bestickten Silbergürtel, wie er auf eine türkische Galeere klettert und mich aus den Fängen der Sklavenhändler befreit. Er aber erzählte mir von seiner Sehnsucht nach mehr Zeit und mehr Langsamkeit. Seine Großeltern, die waren zwar arm, »aber glücklich«, betonte er, und auch er war sehr zufrieden in der guten alten Tito-Zeit. Er war jung, es gab eine große Auswahl an hübschen Mädchen, es gab gute Musik und Zeit zum Fischen. Und man konnte sich überall frei bewegen innerhalb des Balkans, das genügte ihm völlig. Er wollte nie weggehen, ins Ausland. Gastarbeiten? Nein! Er war beim Militär in Mazedonien, »wo die Menschen noch viel langsamer als in Dalmatien sind«, zur Olympiade in Sarajevo, dort hat er Schi fahren gelernt. Einmal im Jahr fährt er seither mit Freunden zum Schifahren nach Südtirol, nach Kronplatz, das ist ein beliebtes kroatisches Wintersportziel. Die wilden siebziger Jahre, na klar, die hat er auch erlebt. Es gab sie nicht nur bei euch in Europa. Ja, und dann ging er in das ungeliebte Zagreb. Dort hat er länger gelebt und eine Familie gegründet und immer von seiner Inselheimat geträumt. Aber die Arbeit in Zagreb bot Aufstiegsmöglichkeit, er bekam einen tollen Posten beim Staat. Im Krieg hat er gesehen, wie die Generäle in Containern, die als Getreidehilfslieferungen getarnt waren, Waffen schmuggelten. »Obenauf war eine Handbreit Weizen und darunter die Maschinenpistolen.« Dazu hat er natürlich geschwiegen, auch um seinen Job zu behalten, die minimale Sicherheit. Die aber reicht heute nicht mehr aus. »Und was soll jetzt aus uns werden?«, fragte er mehr als einmal. »Vom Fremdenverkehr im Sommer können wir hier doch nicht das ganze Jahr leben, die Politiker arbeiten in die eigene Tasche, und wir haben kein Geld. Jetzt sind wir endlich unabhängig, wie sollen wir es alleine schaffen?« Er tat mir richtig leid, der große starke Mann so klein und schwach. Ein richtiger Macho. »Haben Sie noch eine Mama?«, rutschte es mir heraus. »Aber ja«, sagte er stolz. »Ich sehe sie täglich.« Täglich, wenn es ihm ausgeht, isst er bei ihr zu Mittag. Danach macht er ein Nickerchen auf der Küchencouch.

Ich erzählte ihm von Olib und vom Bücherschreiben. Oh ja, er schreibe auch, so kleine Geschichten. Aus dem Leben? Aber nein, meinte er, er denke sich alles nur aus. Er war erst einmal auf Olib gewesen. »Wie sind denn Sie dorthin gekommen?« Und ich erzählte von dem Haus und dem Internet, und ich endete bei der Regatta, erzählte vom Missgeschick mit dem Mast und den Frauen, die Unglück bringen. Er lachte, auch er habe ein Boot, es sei etwas neuer, jedoch ohne Motor. Mit diesem Boot wollte er mich auf Olib besuchen. Ich freute mich und fragte: »Wann?« Nun, meinte er, das könne er nicht sagen, zuerst müsse er einen Motor finden, einen gebrauchten oder zwei, aus denen müsse er dann einen neuen basteln, das könne vielleicht zwei Monate dauern oder ein Jahr. Wir tauschten unsere Telefonnummern aus und blickten uns dabei noch tiefer in die Augen. Wir umarmten uns, als wir weit nach Mitternacht als Letzte das Lokal verließen. Ich fühlte mich wunschlos geborgen in den Armen des Riesen.

Ich übernachtete bei meiner Freundin in Zadar. Zum Frühstück erzählte ich ihr nur von der Regatta. Diesen Mann, in den ich mich verliebt hatte, hätte sie mir sofort ausgeredet. Sie ist eine kluge Frau und kennt dalmatinische Herzensbrecher zur Genüge.

Im November kam ich nach Olib zurück. Es regnete in Strömen, die Zisterne füllte sich. Ich musste das »Notventil« an der Dachrinne öffnen. Schade, wie viel Wasser nicht gesammelt werden kann und ungenutzt ins Meer rinnt.

Ich dachte oft an den Riesen. Sollte ich ihn anrufen? Ich dachte mir hundert Motive aus. Aber ich entschied mich zu warten.

Um mich und mein Herz zu erwärmen, begnügte ich mich mit meinem Sparherd. Ich fütterte ihn mit dem Eichenholz, bis er glühte. Und dann hatte ich noch einen süßen Kater. Er war mir schon im Mai zugelaufen, aber damals war er noch scheu. Jetzt saß er schon längst in der Küche drin und schnurrte, wenn ich kam. Am Tag, an dem im Mai die Gäste gegangen waren, saß er das erste Mal vor der Haustür und sagte: »Hier bin ich, dein neuer Partner!« Zerzaust, weißgrau getigert und scheu, spitzte er sein wohl in einem Kampf übrig gebliebenes einziges Schlappohr. Noch ließ er sich nicht angreifen und lief sofort davon, wenn ich mich ihm näherte. Aber Tag für Tag ist er zutraulicher geworden, und eines Tages trank er die Milch, die ich ihm hinstellte. Bald ließ er sich streicheln, obwohl er dabei so angespannt war, dass ihm sein Fell elektrisiert zu Berge stand. Eines Tages dann saß er nicht vor, sondern schon in der Haustür, und so kam er langsam herein. Er wartete schon auf mich, wenn ich länger weg war, oder er kam abends vorbei, setzte sich aufs Fensterbrett und miaute, wenn er hereinwollte. Nur in der Raunzzeit streunte er herum und ließ sich tagelang nicht blicken. Am liebsten fraß er Fischköpfe. Einmal brachte ich ihm besonders luxuriöse Katzenleckerbissen in Dosen aus Österreich mit. Die hat er alle stehen gelassen. So groß, dass er Dosenfutter für Luxuskatzen fressen würde, konnte sein Hunger nicht sein. Von allen

Sitzmöbeln im Haus hat er sich dann als Stammplatz das schönste genommen, den blauen Ohrenfauteuil.

Der Kater war nicht mein einziger Hausgenosse. Bald lief mir auch ein Hund zu. Ein reizender Hund mit einem einzigen Fehler: Er gehörte schon wem. Was immer ich auch versuchte, ich wurde den Hund nicht mehr los. Es war, als witterte er mich schon von weitem, wenn ich mit dem Schiff ankam. Kaum beim Haus angelangt, war er schon da. Und ging ich dort vorbei, wo er daheim ist, bellte und winselte und sprang er so lange in die Höhe, bis alle sich seiner erbarmten und ich ihn zum Spaziergehen mitnahm. Er bekam dann sein Plätzchen und lebte mit dem Kater in froher Eintracht. Ich fütterte ihn, doch nicht übermäßig, aber ich ging viel mit ihm spazieren. Das mochte er am liebsten. Fressen, das hatte er auch bei sich zuhause genug, aber das Laufen, die grenzenlose Bewegung, die war ihm großteils verwehrt. Dabei war er ein Jagdhund, eine Art istrische Bracke, von der es viele ähnliche Typen im ganzen Land gibt. Sie sind weiß und semmelblond gefleckt und haben einen großen Freiheitsdrang. Sogar im Meer zeigen sie eine große Freude am Schwimmen auf langer Strecke.

Ich gewöhnte mich an den liebenswerten Hund, der mich verteidigte und mein Haus verbellte, sobald jemand vorbeiging, sogar sein eigener Herr. Wenn ich Liebeskummer hatte, legte er sich still neben mich und blieb so, bis mein Kummer verflogen war. Am liebsten hätte ich ihn behalten. Aber ich war ja andauernd unterwegs, flog nach Wien, fuhr nach Kärnten. So brachte ich ihn seinem Herrn zurück. Was aus ihm geworden ist? Er ist bald gestorben, ich glaube, er war schon alt.

Mehr Tod als Leben

Die Tage im November waren mild und warm und ganz ohne Nebel, und ich ging immer noch schwimmen: am Morgen nach dem Laufen, wenn ich erhitzt war, und am frühen Nachmittag, wenn die Sonne schien. Dann saß die alte Hüterin der Paprika fressenden Schafe und Ziegen am Strand und schaute mir zu. Wenn ich dann aus dem Wasser stieg, gab sie ihren Kommentar ab; sie konnte es einfach nicht fassen, dass man im November noch im Meer schwimmen kann. Dabei hatte das Wasser noch gut zwanzig Grad. Es braucht lange, bis es sich wirklich abkühlt.

Die Tage wurden kürzer, um fünf Uhr war es finster. Dreimal in der Woche kam die Volksschullehrerin zu mir, um mir Kroatisch beizubringen. Wir machten es uns dabei gemütlich, tranken Tee und aßen Krešimirs Chefgebäck, das er selber fabriziert, die »hroštule« (Strauben). Es gibt sie meist zu Festtagen, auch zu Allerheiligen und bei der Totenwache. Auf Olib ist es üblich, einen Menschen daheim aufzubahren, ihn zu beklagen und zu bewachen, und wer will, trinkt auch ein gutes Glas Prošek dazu.

»Habt ihr auf Olib auch einen Arzt?« ist eine Frage, die man mir häufig stellt. Die Antwort ist »nein«. Nur auf Silba gibt es einen Inseldoktor, derzeit eine Ärztin und zwei Helferinnen. Sie kommen zweimal in der Woche, Dienstag und Freitag von acht bis zehn Uhr früh, in einem Motorboot zu uns auf Visite, in eine kleine Ordination, wo im Wartezimmer schon die Patienten auf sie warten. Die Medikamente, die nicht lagernd sind, werden bestellt und mit dem Schnellboot geschickt, sie sind beim Kaufmann in der Zadruga abzuholen. Für Notfälle gibt es einen Hubschrauberlandeplatz.

2004 kam bei Madame ein kleines Mädchen zur Welt, das den Altersdurchschnitt auf der Insel eine Zeit lang nach unten drückte. Dieses Kind ist das letzte, das auf Olib geboren wurde, und es lebt mit seiner Mutter längst nicht mehr da. Bevölkerungsnachschub gibt es nur durch alte Leute, Pensionisten aus den USA, zu denen sich auch Pensionisten aus Zagreb gesellen. Für sie ist der Lebensabend auf Olib ideal, solange sie nicht pflegebedürftig sind. Dann wird es schwierig, weil es so schwer ist, Pflegerinnen zu bekommen. Meine Nachbarin, die eine Pflegerin braucht, hatte Glück. Die Kinder fanden eine Frau in Zadar, die Olib liebt; die meisten jedoch nehmen Reißaus, weil es auf der Insel so langweilig ist. Den Frauen vor allem ist fad, Männer scheinen sich in einer Welt ohne Shopping, Events und Sensationen sehr wohl zu fühlen.

Auf der Suche nach einem Inselchronisten kam ich bald an den richtigen Mann, an Ivan (John) Mikulićić. Er ist aus Kalifornien zurückgekehrt, um im Haus seiner Eltern den Lebensabend zu verbringen. Im Sommer besuchte ihn seine Schwester, die für ihn kochte. Im Winter aber entfloh sie der Inseltristesse und fuhr heim nach Florida. Dann aß er bei seinem Cousin Mladen, zwei Häuser weiter. Mladen war sein Lebtag nie fort gewesen. John hatte in Amerika Karriere bei der NASA gemacht. Während des serbisch-kroatischen Bürgerkriegs engagierte er sich in den Staaten für Kroatien und stand in Kontakt mit Bill Clinton. Der hat ihm mehrere Briefe geschrieben, die Ivan in einem Ordner verwahrt. Nach dem Fall des Eisernen Vorhangs entschied er sich, seine alten Tage in seinem geliebten Kroatien zu verbringen.

Nun ist er wieder daheim, aber das ist auch schon alles. Er hat sich mehr erhofft, ein kroatisches Wunder sozusagen, wie in seiner Jugend, bis Josip Broz Tito und die Serben kamen, die ihn und viele andere vertrieben. Er wünscht sich die alte kroatische Bauernzeit zurück, die seine Jugend begleitet hat, und nach der die Linke bestimmte, in welche Richtung der Balkan gehen sollte. Dass diese Linke zum Zuge kam, hat natürlich eine lange Vorgeschichte.

In nur dreißig Jahren (1880–1910) hatte sich die Bevölkerung auf dem Balkan verdoppelt. Allein aus Kroatien wanderten sechshunderttausend Menschen aus, in die USA, nach Australien und Argentinien. Es gab keine Industrie, in die das ländliche Proletariat alternativ hätte abwandern können.

Erst 1884 war in Kroatien die allgemeine Schulpflicht eingeführt worden, und der Kroate Josip Broz Tito, der 1892 geboren wurde, erinnert sich in seinen Memoiren an diese Zeit: »Meine Angehörigen waren Bauern und vertraten den typisch bäuerlichen Standpunkt, dass Bildung bloß Ziererei und die Arbeit auf dem Bauernhof wichtiger sei.« Josip Broz wurde Schlosserlehrling, bekam für seine Arbeit aber nichts bezahlt. Die Gewerkschaftsbewegung war, nach ungarischem Vorbild, erst in ihren Anfängen.

1905, als der Nationalkampf der Kroaten beendet war, begann die Nationale Partei zu splittern, und auch die Serben, die am Aufstieg der Nationalen mitbeteiligt waren, kochten ihr eigenes Süppchen. Josip Broz verlor seine Arbeit, aber er wollte nicht auswandern. Er wurde Mitglied der Sozialdemokratischen Partei und der Gewerkschaft.

1905 reiste der österreichische Handelsdelegierte J. M. Baernreither von Zara (Zadar) nach Sebenico (Šibenik): »Es gibt zahlreiche Obstbäume, aber es wird ihnen viel weniger Pflege zuteil als in Südtirol, der Toskana oder der Provence … der Boden scheint nicht schlecht, in den Dolinen und den Senken gibt es fruchtbare Erde, es fehlt dem Boden jedoch die Arbeit, die Pflege, die Bewirtschaftung, denn die Hände, die ihn bebauen sollen, suchen ihren Erwerb jenseits des Ozeans.«

1908 schreibt er: »Die Hebung der Landwirtschaft geht einher mit der Hebung der Bildung. Das Land steckt noch tief in den ältesten Gewohnheiten: 154 Fasttage im Jahr, welche Orthodoxe und Christen streng einhalten, sodass die Arbeitsfähigkeit darunter leidet. Dazu kommen die Feiertage, an denen des Guten zu viel geschieht. Leider kann die österreichische Volksschule nicht überall eingeführt werden, da die Orthodoxen ihre eigenen Schulen haben. Und die Mohammedaner schicken ihre Mädchen überhaupt nicht zur allgemeinen Schule.« In Knin waren 1880 noch 95 Prozent der Bevölkerung Analphabeten (im Vergleich in dieser Zeit nur 14 Prozent in der Stadt Zadar). Die

Situation besserte sich aber langsam: von 83 Prozent im Jahr 1890 auf 63 Prozent im Jahr 1910.

Josip Broz ging nach Wiener Neustadt, wo ein Bruder lebte, und wurde zum Militärdienst in die k. u. k. Armee eingezogen. 1913 wurde er auf die Unteroffziersschule geschickt. 1915 trat Italien aus dem »Dreierpakt« aus und erklärte am 23. Mai Österreich-Ungarn den Krieg. In diesem Krieg kämpften die kroatischen Marinesoldaten bis zum Ende an Österreichs Seite.

Schon 1918 begann man in Dalmatien mit blumigen Propagandaschriften für die Einheit der Südslawen zu werben. Auf einem Flugzettel war zu lesen: »Volk, deine Stellung ist klar und schön wie die Sonne! Bisher waren wir immer Untertanen fremder Herren. Wem unterstehen wir jetzt? Sind wir jetzt den Serben untertan? In unseren Adern fließt das gleiche Blut, wir Kroaten, Serben und Slowenen sind ein Volk!«

Seit 1900 hatte die Kroatische Bauernpartei große Zuwächse in der ländlichen Bevölkerung zu verzeichnen und auch Erfolge auf dem Gebiet der Volksbildung, um die sie sich bemühte. In ihren Kulturvereinen führte sie ab 1925 Alphabetisierungskurse ein, in denen nicht die Lehrer unterrichteten, sondern jene, die schon schreiben und lesen konnten und sich verpflichteten, ihr Wissen an andere weiterzugeben. Ein Kroate, so hieß es, bringt es drei anderen bei. Damit erreichte man gleichzeitig mit der Alphabetisierung auch die kroatische Nationalisierung der Dalmatiner.

Wenig erfolgreich verlief die Wirtschaftsgeschichte.

Außer dem Schiffbau und der Produktion von Zement gab es keine Industrie. Zadar war italienisch, Dubrovnik zu klein, Split wurde zum Industriezentrum mit einer wachsenden Zahl an ländlichem Proletariat. Der Stadtteil Varoš in Split war besonders unruhig und gefährlich und sah wie zur Zeit der Völkerwanderung aus. Die Menschen lebten mit Hühnern, Schafen und Schweinen in Kellern und Ruinen. Die Italiener mischten immer noch offiziell in der Zementindustrie mit. Sie betrieben eine »Itak AG« mit Hauptsitz auf der Insel Vis, schleusten pro italienisch gesinnte Betriebsleiter in die Fabriken und spielten die kroatischen und serbischen Arbeiter gegeneinander aus. Jeder schob die Schuld auf den anderen, denn es stellte sich kein wirtschaftlicher Erfolg ein. Der Staat musste finanziert werden – man bat die Bauern zur Kasse. Sie zahlten bis zur Hälfte ihres Jahreseinkommens an Steuern in die Haushaltskassen nach Belgrad. Die dalmatinische Bevölkerung war hoch verschuldet. In all ihrer Not machte sie aber beim Brauchtum und den Sitten ihrer Väter keinerlei Abstriche. Ging es ans Feiern, etwa das Ausrichten einer Hochzeit, einer Taufe, einer Hauspatronsfeier (bei den Orthodoxen), eines Totenmahls oder Begräbnisses, so wurde das dafür Benötigte »unter allen Umständen« beschafft.

Einiges wurde wohl versucht, um die Bauern nicht völlig zu ruinieren, und es wurde ein nicht pfändbares Minimum von zwanzig Ar samt Haus und Hof festgelegt, daher brauchte man nicht zu verhungern. Dabei blieb die Landwirtschaft in archaischem Selbstversorgertum stecken. Zwischen 1926 und 1956 hatte die Landwirtschaft in ganz Jugoslawien keine Zuwächse zu verzeichnen. In den dreißiger Jahren lag die Arbeitsproduktivität der männlichen Bevölkerung um 57 Prozent unter dem europäischen Durchschnitt.

Die Bauernpolitiker wurden nicht müde, zur Motivation noch mehr nationale Gesinnung zu bemühen und von der glorreichen Vergangenheit der so widerstandsfähigen, fleißigen und arbeitsamen Kroaten zu schwärmen. Sie warfen den Serben Desinteresse am Meer vor. Im Jadranski Lloyd vom 7. Juli 1939 stand: »Die Belgrader Regierung hat weder den Willen noch das Interesse für unsere Meeresküste und die Schifffahrt«, worauf prompt die Antwort aus Belgrad kam, dass in Jugoslawien immer die Kroaten das Seewesen innegehabt hätten, dass sie aber »im Gegensatz zur erfolgreichen serbischen Binnenflussschifffahrt trotz aller Subventionen nicht in der Lage gewesen sind, damit umzugehen«. Die dalmatinischen Medien jammerten: »Immer geht der Löwenanteil an Serbien und Belgrad.«

1921 zählte Dalmatien 620.432 Einwohner, es gab achtzehn »stadtähnliche« Ansiedlungen, das Sozialsystem musste erst aufgebaut werden. Bis 1937 gab es keinerlei Rentenansprüche, die jugoslawische Sozialversicherung leistete nur geringfügige Unterstützung, es gab keine Beitragspflicht.

Die dalmatinischen Kommunisten begannen die Vereine zu unterwandern, vom Nähkurs bis zum Sportverein. Sie gründeten ihre eigenen Lesevereine, Esperanto-Kurse, Natur- und Wandervereine und behaupteten, dass Kapitalisten Orgien feierten. Ihr Problem aber war es, Kroaten und Serben unter einen Hut zu bringen. Dafür erwies sich die Ideologie als zu schwach.

Das serbische Machtstreben war nicht zu übersehen. »Kleinigkeiten« brachten Unzufriedenheit, wie zum Beispiel die tatsächlich höhere steuerliche Belastung der nichtserbischen Gebiete im SHS-Reich. Bewusst ließ sich die erfolgreiche Kroatische Bauernpartei in Dalmatien nicht davon abhalten, hinter allem, was nicht kroatisch war, serbischen Zentralismus zu vermuten.

Die Bauernpartei hatte nie die Absicht, aber auch den kroatischen Kommunisten gelang es nicht, aus Dalmatinern Jugoslawen zu machen. Besonders die Schulen wehrten sich dagegen. Man unterrichtete in kroatischer und nicht in serbokroatischer Sprache und sang die kroatische Hymne und nicht die jugoslawische.

Das kroatische Nationalverständnis driftete immer mehr in die ultranationale Ustaša-Agitation. 1939 kamen die nach Italien Emigrierten zurück und unterwanderten die katholische Intelligenzia. Die Gefangenenlager, eingerichtet von der Banschaft Kroatien, quollen bald von Rechten und Linken, von Ustaša-Anhängern und von Kommunisten über.

Am 12. April 1941 publizierte die letzte Ausgabe der »Dalmatinska Hrvatska« die Proklamation der neuen, unabhängigen Regierung: »Gottes Vorsehung und der Wille unserer Verbündeten, der leidvolle jahrhundertelange Kampf des kroatischen Volkes und die große Opferbereitschaft unseres Führers Ante Pavelić und der Ustaša-Bewegung im Lande und in der Emigration haben heute, vor dem Tag der Auferstehung des Gottessohnes, bestimmt, dass auch unser unabhängiger kroatischer Staat wieder aufersteht.«

Damit begann das schwärzeste Kapitel der kroatischen Geschichte. Pavelić gründete den Staat unter dem Patronat Hitlers und Mussolinis. Am 6. April 1941 begann, ohne Kriegserklärung, der deutsche Angriff auf das Königreich Jugoslawien, italienische Flugzeuge bombardierten Split. Am 10. April marschierten deutsche Truppen in Zagreb ein und wurden von einer jubelnden Menge begrüßt. Am 15. April floh die jugoslawische Regierung nach London. Die verbliebenen Mitglieder unterschrieben die Kapitulation, die Kroatische Bauernpartei wurde von der Ustaša verboten, der rechte Flügel schloss sich der Ustaša an, der linke den Tito-Partisanen.

1941 fiel mit den Römischen Verträgen ein Großteil Dalmatiens an das faschistische Italien – für viele Kroaten war dies ein Schock. Zadar (Zara) wurde Sitz des italienischen Kommissariats, die Italiener besetzten das Hinterland und die Inseln, unter anderem Vis, Šolta, Drvenik, Korčula, Mljet. Fanatische Kroaten verfolgten die serbisch-orthodoxen »Brüder«, und aus London wurden Pläne laut, das Beste wäre ein Jugoslawien unter serbischer Führung. Mit Terror und der Bombardierung Zadars durch die Alliierten ging der Krieg zu Ende.

Vor diesem politisch bewegten Hintergrund erlebte Ivan Mikulićić seine Kindheit und Jugend auf Olib, einer Insel der Seligen im Dornröschenschlaf. Aus diesem küsste sie erst Ende des Zweiten Weltkriegs kein Prinz, sondern die kommunistische Partei wach.

Das verlorene Paradies

Als Ivan Mikulićić von 1933 bis 1940 die Grundschule besuchte, gab es auf Olib noch hundertzwanzig Schüler. Als ich 2001 auf der Insel ankam, gingen noch zwölf Kinder in die Grundschule, sieben Jahre später waren es noch zwei und wenn kein Wunder geschieht, wird im nächsten Jahr der letzte Schüler die Grundschule verlassen.

Ivans Vater war schon seit 1930 in den Vereinigten Staaten, der Junge hatte ihn nur ein einziges Mal, bei einem Besuch als Siebenjähriger, gesehen. Das Fehlen der Väter war ganz alltäglich. Ivan musste die Schafe hüten und auf dem Feld helfen und vertrieb sich die Zeit mit Büchern und Sport. Er erinnert sich an seine Jugend wie an ein Paradies:

»Zu jedem Bauernhaus gehörten verschiedene kleine Gebäude, für – durchschnittlich – jeweils zwei schwarze Schweine, ein Pferd, einen Esel, zehn Hühner, eine Ziege; man hatte einen Backofen und eine breite Mauer, auf der man die Feigen in die Sonne zum Dörren legte. Jede Familie buk ihre eigenes Brot, der Bäcker im Dorf machte eher das Besondere, die Mehlspeisen. Vor Weihnachten wurde ein Schwein geschlachtet, aus welchem man seinen eigenen Schinken machte, den eingesalzenen und danach luftgetrockneten Pršut.

Nach dem Schlachten hängte man das Schwein für eine Woche auf, dann zerteilte man es in zwei Kilogramm schwere Stücke und legte es zwei Wochen in Salz ein, danach wurden ein paar Fleischteile stärker geräuchert, die anderen für den Pršut vorbereitet. Man legte sie nochmals in Salz, gab sie in ein Fass, beschwerte es mit Holz und einem Stein, sodass das Fleisch Wasser ließ. Nach vierzehn Tagen wurde der Schinken dann langsam sechs Wochen geräuchert. Die Qualität des Pršut erkannte man an seiner Konsistenz: Wenn die Scheibe, nachdem man sie vom Stück geschnitten hatte, auf der Kante stand und nicht umfiel, dann war er perfekt.«

Einmal in der Woche, am Sonntag, gab es einen Braten. Zum Frühstück nahmen sowohl Männer als auch Frauen ein Glas Rakija (Traubentresterbrand), dazu aßen sie getrocknete Feigen und ein Stück trockenes Brot. Den Kindern gab man Weißbrot mit Doppelrahmaufstrich (gekochte Schafmilchsahne) oder Olivenöl mit in die Schule. Die Schafe hielt man nicht wegen des Fleisches, sondern wegen der Milch. Denn im Zentrum des Dorfes, inmitten einer großen Wiese, stand die Käserei. Dorthin brachte man täglich, morgens und abends, die frisch gemolkene Milch, sie wurde abgewogen und der Überbringer dann in Käse oder in bar ausbezahlt.

Die Qualität von Fleisch und Käse hängt davon ab, was das Tier frisst. Früher hielt man Esel und Schafe. Ivan: »Die Esel fraßen das grobe, die Schafe das feine Gras. Man ließ sie deshalb abwechselnd weiden. Und man achtete darauf, dass sich auf der Weide keine wilden Zwiebeln ausbreiten konnten, und ließ diese Zwiebeln nur in einer ganz bestimmten Gegend der Insel wachsen. Denn sie verleihen dem Käse einen Beigeschmack.«

Die Molkerei errichteten die Einwohner selbst, oder sie zahlten einen Anteil der Baukosten. Und sie halfen bei der Erhaltung des Molkereigebäudes wie auch anderer kommunaler Einrichtungen in Form händischer Arbeitsleistung mit. Es gab viele Bauern, aber wenig Fischer. Deshalb gab es unten im Hafen eine Fischbank, wo täglich auch von »fremden Fischern« frischer Fisch verkauft wurde; man zahlte mit Bargeld oder mit Brennholz. Denn das Brennholz der Steineichen aus Olib war sehr gefragt. Die ganze Familie hackte Holz, auch die Frauen.

Für die Händler, meist waren es Italiener, die auf Olib einkauften, gab es im Ort auch ein Gasthaus mit einer offenherzigen Wirtin und Übernachtungsmöglichkeit. Eine staatliche jugoslawische Fürsorge oder ein staatliches Gesundheitswesen existierte nicht. Zum Arzt ging man nur, wenn man wirklich schwer krank war. Man musste dafür nach Šibenik, Preko oder Biograd fahren und ihn mit Privatgeld bezahlen. Mikulićić: »Man lebte sehr gesund, mit Olivenöl, Wein, Schafskäse, Gemüse und Fisch. Auch die Gene hatten dazu so einiges beigetragen. Es gab Leute, die noch mit siebzig ihre eigenen Zähne im Mund hatten, und andere haben sie schon mit zwanzig verloren. Kaputte Zähne entfernte man mit einem Bindfaden.«

Die Alten lebten im Haus mit der Familie und halfen, solange sie konnten, mit. Jede Familie machte nämlich alles selbst – sogar das Weizenmehl mahlte man selber mit der Hand. Man kaufte das Korn in der Stadt, da der Boden nur zum Anbau von Futterweizen taugte. Aus der Schafwolle wurden Pullover gestrickt und Decken gewebt. Spinnen, Stricken, Nähen und Weben war Frauensache. Die Winterbekleidung webte man aus Wolle, nur die Sommersachen wurden in der Stadt gekauft. Auch die Schuhe machte man selbst, und Schuhmachen war Frauensache. Dazu besorgte man sich aus der Stadt ein Stück Gummi für die Sohle, das zugeschnitten wurde. Den Oberteil fertigte man aus Segeltuch, welches schwarz eingefärbt wurde. Diese Schuhe waren eigentlich Stiefel aus Stoff, die man unter den Knien festgebunden hat. So konnte man sich, Frauen wie Männer, auf dem dornigen und felsigen Boden der Insel und im Gestrüpp fortbewegen. In Olibs bester Zeit wurden 2700 Menschen jährlich mit Schuhwerk versorgt.

Die Frauen haben mehr als die Männer gearbeitet. Mikulićić: »Im Sommer stand man wegen der Hitze frühmorgens um drei Uhr auf. Die ganze Familie ging aufs Feld, bis höchstens neun. Daheim haben die Frauen zu kochen begonnen und die Männer irgendwas beim Haus herum gemacht. Punkt zwölf gab es das Mittagessen, danach gingen die Männer schlafen. Die Frauen nicht. Die haben nie am Nachmittag geschlafen, ich glaube, die kamen mit vier bis fünf Stunden Schlaf täglich aus. Den ganzen Nachmittag sind sie zusammengesessen und haben gestrickt. Abends saßen sie auch beieinander, bis spät in die Nacht, und hatten immer etwas zu flicken. Nur an Feiertagen arbeitete man so gut wie nicht, man musste nur den Schafen Wasser bringen.«

Ein Großteil der Bewohner waren Analphabeten. Sie konnten nicht schreiben, nur einen Kalender lesen, der etwas ganz besonders Olibianisches war. In einem länglichen Holzstück, das an einem Haken neben der Haustür hing, waren Zeichen eingekerbt, sie bedeuteten jeweils einen Feiertag. Eine Art Symbol, das die Menschen verstanden. Aufgrund der Anordnung der Symbole und der Reihenfolge wusste man genau, welcher Tag es war. Das war das Wichtigste im Jahr, den Rest erzählte einem der Pfarrer.

»Was wir brauchten, produzierten wir zu neunzig Prozent selbst, und niemand litt Not, auch nicht in der Zeit der Weltwirtschaftskrise, der Zwischenkriegszeit und nicht während der Kriege. Das Olivenöl wurde gepresst, wobei es mehrere Ölmühlen gab, deren Mahlsteine von jeweils acht Männern gezogen wurden. Das Öl hatte eine wunderbare Farbe, wie Gold, und wurde exportiert. Das relativ raue und sehr trockene Klima der Insel mit seinen großen Temperaturunterschieden zwischen Tag und Nacht trug dazu bei, dass unser Öl besonders gefragt war.«

Auf dem Feld und auch im Garten arbeiteten Frauen und Männer gemeinsam. Sonst aber war Frauen- und Männerarbeit streng getrennt. Fischen und Jagen war ausschließlich Männersache. Nur wenige Bauern hatten ein Jagdgewehr, sie schossen damit hauptsächlich Wildenten und Wildgänse. Fasane sind auf Olib nicht zuhause und wurden erst durch die Jagdvereine ab 1950 eingeführt. Es gab aber sehr viele Jagdhunde auf der Insel, denen ließ man freien Lauf. So hat man Kaninchen und Hamster, ganz ohne Waffen, auf natürliche Art dezimiert.

Über den Lauf der Natur, das Wetter, den Wind und das Meer wussten alle, Frauen wie Männer, Bescheid und konnten am Morgen mit relativer Sicherheit das Wetter vorhersagen.

Mikulićić: »Die lokale Wettervorhersage ist leicht. Zwei Hauptwinde bringen das Wetter nach Olib und auf jede andere Insel. Das Wetter kann man nur lokal vorhersagen, aber meist mit ziemlicher Sicherheit. Der 'Jugo', wie der Südwind hier heißt, bringt warmes, auch feuchtes Wetter und Gewitter. Seine Wellen sind hoch und gleichmäßig. Die Bora, der Nordwind, kommt vom Gebirge, in Norddalmatien vom Velebit, im Süden vom dinarischen Gebirge. Sie bringt im Sommer schönes und trockenes Wetter, macht aber keine gleichmäßigen Wellen, sondern bläst stoßartig und lässt die Wellen in alle Richtungen gehen. Wenn das Gebirge gelblich und hell wird, kann man eine Bora erwarten. Im Winter bringt sie auch manchmal Regen, aber nur dann, wenn im Velebit Schnee fällt.«

Die Welt der Männer und Frauen war getrennt. So konnten die Männer alle schwimmen. Sie lernten es voneinander wie von selbst. Ihr Revier war das »Strandbad« im Hafen, das heute noch existiert. Die Frauen und Mädchen hingegen gingen auf die andere Seite der Insel, an den abgelegenen flachen Strand von Slatinica, die Töchter immer gemeinsam mit ihren Müttern. In Slatinica waren die Damen unter sich, sie sind am Strand und im Wasser herumgelegen und haben vieles, nur nicht das Schwimmen gelernt. Ganz einfach, weil Slatinica eine Sandbucht ist, in der man schon sehr weit hinausmuss, um den Boden unter den Füßen zu verlieren. Der einzige Mann dort war der pensionierte Erzbischof in seinem Pferch, aber der zählte ja nicht.

An das Schwimmen als Sport erinnert sich Ivan mit Begeisterung: »Wir schwammen im Hafen. Wenn ein Schiff kam, durfte man nicht in der Badehose sein, man musste sich ordentlich anziehen; dafür gab es einen Aufpasser, den Hafenmeister, und den haben wir natürlich immer geärgert. Kam ein Schiff, sind wir von der anderen Seite des Hafens zur Mole geschwommen, hinaufgeklettert und im letzten Moment ins Wasser gesprungen und um die Wette an die Küste davongeschwommen.«

Die Ehen wurden meist arrangiert und hielten auch nicht besser oder schlechter als Liebesheiraten. Jeden Sonn- und Feiertag gab es auf dem Dorfplatz Tanz, und der Tanzboden war eine Art Heiratsmarkt. Eine Einmannband spielte Harmonika. Haben sich dann zwei sympathisch gefunden und beschlossen zu heiraten, teilte der junge Mann seine Wahl seiner Mutter mit. Diese ging dann zur Mutter der Auserkorenen und hielt im Namen des Sohnes um deren Hand an. Wobei es meist keine Probleme gab, es haben sich ohnehin alle gut gekannt. Die Verlobung fand zwei Jahre vor der geplanten Hochzeit statt – Zeit, um das Hochzeitsfest vorzubereiten, aber auch Zeit für den Verlobten, Geld zu verdienen für die Gründung des Hausstands. Am Tag der Hochzeit fand dann noch einmal ein alter Brauch, die rituelle Werbung der beiden Mütter, statt. Dazu benötigte man eine bemalte Hochzeitstruhe, wie sie heute noch in jedem Bauernhaus steht.

»Die Mutter der Braut setzte sich auf den Deckel der Hochzeitstruhe, die jedem jungen Mädchen, gefüllt mit seiner Aussteuer, zustand. Dort saß sie und verschränkte die Arme, als hüte sie einen Schatz. Dann musste die Mutter des Bräutigams nochmals um die Hand der Tochter bitten und ihrer künftigen Schwägerin einen symbolischen Geldbetrag oder ein Geschenk überreichen. Es war üblich, dass die Braut in die Familie des Bräutigams eingeheiratet hat, und nicht umgekehrt. Nur wenn die Braut keinen Bruder hatte und der Bräutigam schon, hat er in ihre Familie eingeheiratet und in der dann als Schwiegersohn die Sohnesrolle übernommen.«

1941 bombardierten die Italiener Split, die Deutschen marschierten in Zagreb ein, große Teile Dalmatiens wurden an Italien angeschlossen, in Zadar wurde ein italienisches Kommissariat eingerichtet. Auch Olib wurde italienisch und in der Schule wurde in Italienisch unterrichtet. Die erwachsenen Männer waren entweder in Amerika oder im Krieg, die Kinder mussten die Schafe hüten und mit den Müttern und den Alten das Feld bestellen. Auf Silba hatten die Italiener eine Garnison und ein Arsenal errichtet. In der kroatischen Bauernpartei formierte sich eine Linke und eine Rechte. Die Linke sympathisierte mit den Tito-Partisanen, die Rechte mit der Ustaša, das teilte die Gesellschaft auf den Inseln in zwei Teile, die sich gegenseitig ausspionierten. In der von den Faschisten kontrollierten Inselwelt wurden angeschwärzte Linke in das Konzentrationslager auf Molat gesteckt.

An diese Zeit haben die Alten unterschiedliche Erinnerungen. Ivans Schwester kam gerade in die erste Klasse und war zu jung, um sich politisch zu positionieren. Sie weiß nur, dass sie in der Schule weder Italienisch noch was anderes lernte. Als sie zu Kriegsende mit der Mutter zum Vater nach Amerika fuhr, holte sie dort ihre Schulbildung nach. Sie wurde eine waschechte Amerikanerin. Ivan hingegen ist durch und durch Kroate geblieben und er war kein Freund der Partisanen, im Gegenteil. Die Partisanen kamen 1942 zum ersten Mal nach Olib, nachts in ihren kleinen Booten. Jedes Holzboot hatte ein Loch, das öffneten sie, versenkten das Boot und versteckten sich im Wald. Bei Bedarf konnten sie das Boot flottmachen und wieder abfahren. Sie wurden von einigen Inselbewohnern durchgefüttert, spionierten herum und machten unter der Bevölkerung jene Volksfeinde aus, die Jahre später in Titos Konzentrationslager nach Goli Otok geschickt oder auf der Insel von den eigenen Leuten exekutiert wurden. Eines der Opfer war die Wirtin. Solch einen Gewaltakt hatte es in der ganzen friedlichen Geschichte der Insel zuvor nie gegeben.

Männliche Inselbewohner, die halbwegs fit waren, wurden zum jugoslawischen Militärdienst eingezogen. Im letzten Kriegsjahr wurde Olib Grenzstation und jeder, der herkam, musste sich ausweisen. Sechs Soldaten aus Titos Armee waren auf der Insel stationiert, sie untersuchten jedes Boot. Die Waffen aus der italienischen Garnison auf Silba waren 1943 in die Hände der Partisanen gekommen.

1953 flüchteten zweiundfünfzig Jugendliche und Männer aus Olib über die Adria nach Italien. Sie machten sich, versehen mit Trinkwasser, Speck und Brot und begleitet von den Gebeten ihrer Mütter, in kleinen Holzbooten bei Nacht und Nebel auf, ruderten bis nach Premuda, wonach sie, außer Sichtweite, Segel setzten. Sie verließen ihre Heimat vor allem aus politischen Motiven. In Italien warteten sie in Auffanglagern auf die Einwanderungsbewilligungen nach Argentinien, Australien und Amerika. Nach Argentinien kam man schnell, wer in die Vereinigten Staaten wollte, musste bis zu zwei Jahre im Lager warten. Später, in den sechziger Jahren, wanderten die Jungen nur noch aus wirtschaftlichen Gründen aus, dorthin, wo ihre Verwandten lebten.

Ivan Mikulićić wurde 1947 Soldat unterm roten Stern, drei Jahre musste er bei der Luftwaffe dienen. 1950 wurde er entlassen und nutzte die Zeit des Wartens auf sein Visum, um die Matura nachzumachen. Er wohnte bei seiner Großmutter auf Olib, einer lebensklugen Analphabetin, und schweren Herzens ließ sie ihren vierundzwanzigjährigen Enkel ziehen.

In Kalifornien schlichtete Ivan Bananenkisten und besuchte das College, er studierte in Berkeley und wurde Ingenieur bei der NASA. Wie viele andere Emigranten hat er seine Heimat nie vergessen.

Schon in den sechziger Jahren begannen die Kalifornier in Amerika für »ihre Insel« Geld zu sammeln. Die Asphaltierung der schmalen Straßen und die erste Elektrifizierung der Häuser durch ein zentrales Dieselaggregat gehen auf diese Initiative zurück. Die Verbindungen in die alte Heimat sind nie abgerissen. In dieser Heimat haben sich neue Menschen angesiedelt, das will vielen Amerikanern, die als Rentner zurückgekommen sind, nicht in den Kopf. Eine Gemeinsamkeit so wie früher gibt es nicht mehr. Auch ist die in den vierziger Jahren entstandene politische Spaltung der Insel bis heute erhalten geblieben, und die Gemeinschaft, das einfache und glückliche Leben existiert nur noch in den Köpfen der Älteren als Sehnsucht nach dem verlorenen Paradies.

Im kleinen Paris

Die Nächte im November wurden lang und länger. Die Einsamkeit drückte auch mich. Ich brach meinen Vorsatz, auch den Winter hier zu verbringen. Auf diese Idee kam aber nicht nur ich. Im Laufe der Zeit kam ich drauf, dass die meisten Insulaner, nicht nur die von Olib, auf dem Festland eine Wohnung haben, in Zadar, Split oder in Zagreb.

Die Wohnungen in den Städten benützen sie selber, oder es lebt ein Familienmitglied drin, auch die Schüler, wenn sie auf die höheren Schulen gehen. Ständig und mit einzigem Wohnsitz leben auf den Inseln nur die wirklich Alten. Die Jüngeren, und hier vor allem die Frauen, nützen jede Gelegenheit zu einem Landausflug und -aufenthalt. Nur im Sommer bringt niemand sie von ihrer Insel weg, weil die Hitze hier viel erträglicher ist.

Ich schrieb regelmäßig Artikel für meine Auftraggeber und betreute von der Insel aus Publikationen im Internet. Meine Telefonrechnung war recht ansehnlich. Das Klima im Spätherbst war ideal. Ich konnte täglich mein Stündchen laufen und Spaziergänge machen, ohne von Schlangen oder Spinnen daran gehindert zu werden. Ich stellte mir vor, wie es wäre, hätte auch ich eine Wohnung auf dem Festland. Beflügelt von der Option, nicht isoliert zu sein, durchstreifte ich das Gebüsch, erkundete die Insel in vielen Details und studierte die Holzproduktion der kernigen bosnischen Waldarbeiter, die nach Zigarettenrauch, Speck und Slivowitz rochen. Sie ließen ihre Motorsägen singen, schnitten die Stämme in meterlange Stücke, luden sie auf die rostigen Anhänger ihrer Kleintraktoren aus den dreißiger Jahren und verfrachteten die Ladung in den Hafen, wo die Holzstöße die Mole wie Bänder säumten. Von dort luden sie das Holz auf ein Transportschiff, das so aussah, als hätten es die Vietnamesen schon ausrangiert. Interessant war, dass einige Büsche der Macchia ein zweites

Mal blühten und dass im Unterholz schon die breiten Blätter der Frühjahrsblumen ans Licht kamen. Auf Olib gibt es zwar keinen ewigen Frühling, aber der Spätherbst ist schon ein Stück vom nächsten Frühjahr.

Manchmal bekam ich Besuch: von Danko, dem Mann, der mit seinem Pendel die Wasseradern findet und mit seiner Bohrmaschine Brunnen gräbt. Er wohnte bei »Aboriginac«, der Australierin, die ein auch im Winter vermietbares Appartement hat. Er kam her, um, wie er sagte, Kraft zu tanken. Die Arbeit mit dem Pendel raube Energie. Er kehrte auf einen Plausch hin und wieder auch bei mir ein und behauptete, Olib sei ein Kraftort und habe eine besondere Ausstrahlung, ganz anders als Iž, wo er herstammt. Wie er das sagte, fühlte auch ich mich gleich besser und nicht so einsam. »You seem lonely«, sagte er. Es entging ihm nichts. Dafür wollte er Abhilfe schaffen. »You need a Captain.« Und als er merkte, dass er nicht der Geeignete war, bot er sich an, mir bei der Suche nach einem Captain behilflich zu sein. Er sagte, ich brauche ihn nur, wenn ich in Zadar bin, anzurufen.

Das habe ich auch bald getan. Zuerst präsentierte er mir Kapitän Iglu, den Eigner eines Ausflugsbootes. Er karrt Touristen nach Dugi Otok und macht ihnen weis, sie wären jetzt auf den Kornaten. Danach kam er mit einem grünen Jungen an. Ich aber wartete auf den Riesen aus Sukošan – und der ließ auf sich warten.

In Zadar kehrte ich anfangs zu Mittag gerne im Restaurant »Jadrana« im Stadtteil Foša ein. Dort, wo sich das venezianische Stadttor mit dem Markuslöwen, der kleine Hafen und das rot gestrichene Hafenwärterhäuschen befinden, ist Zadar noch Zara, eine kleine venezianische Stadt.

Es war noch wunderbar warm, man konnte auf der Terrasse am Meer sitzen und den Gesprächen der Gäste lauschen. Ich weiß, ich weiß, das tut man nicht, aber wenn die Freundin nicht kommt, mit der man verabredet ist, und man alleine dasitzt, ergibt sich das Lauschen von selber. Ich aß meine Spaghetti »frutti di mare«, zwei Männer am Tisch nebenan unterhielten sich in breitem Venezianisch, so als wären sie aus Padua. Der eine war groß und hager und ungefähr achtzig, der andere kleiner und hager und ungefähr fünfundsechzig Jahre alt, beide waren weißhaarig und hatten scharf geschnittene Gesichtszüge, in ihrer Jugend mussten sie blond gewesen sein. Sie redeten von den alten Zeiten. Der Ältere sah die Vergangenheit politisch eher von links, der Jüngere von rechts, der Ältere war nach dem Krieg bei seiner Mama in Zadar geblieben und der Jüngere mit seiner Mutter nach Italien ins Exil gegangen. Irgendwann mischte ich mich in ihr Gespräch.

Beide stammen aus dem im Süden liegenden Stadtviertel Arbanasi, dem Albanerviertel von Zadar. Christliche Albaner waren vor dreihundert Jahren von den Venezianern in Zadar angesiedelt worden, und es gibt immer noch einige, die miteinander in ihrer Muttersprache reden, eine Sprache, die nur noch sie verstehen. (Albanisch ist eine indogermanische Sprache, von der es zwei Dialektgruppen gibt und die nur von Albanern gesprochen wird, und das seit mehr als zweitausend Jahren.)

Arbanasi ist anders. »Wir redeten italienisch«, erzählte der Ältere, »und gingen in italienische Schulen, unsere Großväter haben aber noch albanisch gesprochen, unterm guten Kaiser Cecco Pepe (Franz Josef) gab es in den Schulen auch albanischen Sprachunterricht. Wir haben viel musiziert und gesungen, vor allem Canzoni und Gstanzln«, erzählte er weiter, »jeder Albaner hat ein Instrument gespielt, und die schönen Gesänge der Klapa gehen auf unsere Tradition zurück.« (Klapa ist der in Dalmatien verbreitete A-cappella-Chor, der in meinen Ohren wie eine Mischung aus portugiesischem Fado und slowenisch-kärntnerischem Männerquintett klingt.) »Die balkanischen Lieder«, sagte der Jüngere, »gefallen uns nicht.«

Und wie es war in Zara, zwischen 1920 und 1945, damals, als Zara/Zadar ein Zollfreihafen war? »C'era il benessere e la miseria«, sagte der Ältere, um dem Satz Gewicht zu geben, da waren die Millionäre und das Volk, und er hat zum Volk gehört. Von den zwanzigtausend Einwohnern der Stadt zwischen 1920 und 1940 waren vielleicht tausend wirklich reich. Aber auch der Rest hat, bis der Krieg kam, recht gut gelebt. Die Platzkonzerte, das Teatro Verdi und das Teatro Nazionale, die Kinos, die Kaffeehäuser, die Eleganz der Damen, die nach der neuesten Mode gekleidet waren, die Piazza delle Erbe, die Opernaufführungen im Sommer, der Corso am Abend, das war urbanes Leben, eine ganz andere Welt als die bäuerliche vor den Toren der Stadt. 1923 war Zara Freihandelsstadt geworden; das führte zu industriellen, handwerklichen und touristischen Initiativen, Handel und Handwerk blühten auf, und vieles hier war zollfrei, da spielte sich geschäftlich allerhand ab. Viele Italiener kamen von »drüben« nur zum Einkaufen nach Zara.

Der heutige Volksplatz, der »Narodni trg«, hieß »Piazza dei Signori«, und da durften nur die »Herrschaften« hin. »Stimmt nicht«, korrigierte ihn der Jüngere, »jeder durfte hin, aber am Sonntag gab es zwei heilige Messen, eine für die Armen um acht in der Früh und die andere für die Reichen um zehn, die durften ja länger schlafen.« Es habe auch begüterte Albaner gegeben, erzählten sie, besonders die Fleischhauer, die waren auch Hausbesitzer. Der Ältere erzählte, dass die albanischen Fleischhauer ihre Hirten und ihre Viehherden in der Lika und in Bosnien »laufen« hatten, die Schafe und Rinder trugen ihre Stempel, so konnten sie alles kontrollieren. Ich bemerkte, dass es auch heute auffallend viele Fleischhauereien in Zadar gibt, die eine hervorragende Qualität führen. Die beiden nickten.

Sie erzählten, wie prächtig die Riva gewesen sei, nicht so leer wie heute, eine Villa stand neben der anderen, schöne Paläste, die meisten unter Cecco Pepe, »il nostro povero Kaiser Franz«, erbaut. Der Ältere konnte sich noch an Vittorio Emmanuele, den kleinen italienischen König, erinnern, wie der in Zadar zu Besuch war. Wann, das wusste er nicht so genau, aber er erinnerte sich eher an die Konzerte, als Pietro Mascagni im Freien höchstpersönlich dirigierte und man sogar aus Split per Boot zu den kulturellen Highlights von Zara angereist kam.

Mussolinis Ehefrau sei auch da gewesen; das animierte den Älteren der beiden dazu, sein Glas auf die vielen schönen Frauen in der Calle Larga zu erheben, die im Volksmund noch heute so heißt und die Flaniermeile von Zadar ist. 1941 wurde Zara das erste Mal bombardiert und das Teatro Nazionale schwer getroffen. Man hat es wiederaufgebaut, das Teatro Verdi wurde geschlossen, und nach dem Krieg war es mit dem italienischen Theaterspielen und den Gaststars aus dem Mutterland vorbei. »1948 wurde ein Lehrer aus dem Dorf Susak Theaterdirektor«, seufzte der Ältere und machte eine abwertende Handbewegung. »Aus unserem Theater wurde ein Schülertheater, mehr sage ich dazu nicht.«

Nach 1945 wurde die zerbombte Stadt nur teilweise wiederaufgebaut. Plattenbauten wurden errichtet und die leer stehenden Wohnungen mit den »Boduli«, den Bewohnern der Inseln, besiedelt. Die zurückgebliebenen »Italiener« arrangierten sich. »Das kann man nicht ändern«, sagte der Alte, der unter der jugoslawischen Führung einen angenehmen Job bei der staatlichen Elektro-Zentrale fand, wo er schon um ein Uhr bei seiner Mama zuhause war, mit der er zusammenlebte, »aber es war schade um den Verlust unserer Urbanität! Die Boduli waren ja lauter Landpomeranzen! Und Zara, das sollten Sie wissen, war in meiner Jugend eine richtige Stadt gewesen. In der Herald Tribune stand: una piccola grande metropoli und die berühmte Opersängerin Totti del Monte sagte begeistert: Zara, das kleine Paris.«

Während die beiden alten Herren, angeregt von der Erinnerung und vom Rotwein, immer lauter wurden, erhob sich von einem der Tische auf der Terrasse ein mittelgroßer Mann. Er hatte schwarze, schüttere Haare, trug eine schicke Lederjacke und Pilotenbrillen Marke Ray Ban. Er kam auf uns zu und stellte sich vor. Er war Lektor für Italienisch an der Universität und würde, wenn wir nichts dagegen hätten, gern an unserem Gespräch teilnehmen. Er hieß Alessandro und war auf der Suche nach »erlebter Geschichte« für irgendeine Forschungsarbeit und machte sich – wie ich – einige Notizen. Wir freundeten uns, wie könnte es anders sein, an.

Den nach 1945 zurück nach Italien geschickten Italienern ging es schlecht. Man hielt sie pauschal für Faschisten und diskriminierte sie. Sie haben sich in Italien erst langsam integriert. Einmal im Jahr kommen sie mit ihren Kindern und Enkeln in die alte Heimatstadt Zara, um ihren Lieben nahe zu sein. »Zu Allerheiligen«, sagte der Jüngere, »hört man auf dem Friedhof die Menschen mehr italienisch als kroatisch reden.« Wegen des Friedhofbesuches sei auch er da.

Ich besuchte einige Tage später den Friedhof von Zadar, ein ästhetisch sehr gefälliges Dokument der Vergangenheit, von der venezianischen Zeit bis zur Tafel für die vierhundert Kroaten, die im Nationalitätenkampf von 1991 bis 1995 gestorben sind. Die neueren kroatischen Gräber sind für Kulturhistoriker weniger interessant. Im zentralen Sektor aber finden sich zwischen uralten Palmen und Zypressen die herrlichsten alten Gräber, und es sieht so aus, als werden sie immer noch betreut. Perfekte Plastikrosen in Gelb, sogar mit Tautropfen aus Plastik drauf, sind ein beliebter Blumenschmuck. Die Statuen und Steine sind verwittert und mit Flechten und Moosen überzogen. Vom mächtigen Schutzengel bis zur Pietà wirkt dadurch sogar das pompöseste Jahrhundertwende-Grab still und friedlich, es gibt aber auch Grabsteine aus der Rokoko- und Biedermeierzeit und Sarkophage im mittelalterlichen kroatischen Stil. Eine Melange aus altösterreichischen und altitalienischen Adelsnamen steht wie ein Abgesang an die große Vergangenheit der Monarchie im Raum. Da gibt es Fotos von gefallenen Fliegern in ihren hölzernen Kisten, Hinweise darauf, dass die Gestorbene die einzige Tochter war, aber auch berührendes Hoffen. Auf den Grabstein ihres Kindes ließ die Mutter schreiben: »Amore mio, ich warte voller Sehnsucht auf den Tag, an dem wir uns im anderen Leben wiedersehen werden. Deine Mama«.

Heute ist die alte, italienische Bevölkerung Zadars beinahe ausgestorben. Auf einem Fest der Dante-Alighieri-Gesellschaft, auf das Alessandro mich mitnahm, waren nicht mehr als dreißig »Italiener« anwesend. Alessandro machte mich mit einem angesehenen Bürger der Stadt, Cavaliere Gastone Cohen, bekannt, dem Autor eines informativen Büchleins über die bunte Vergangenheit der Stadt, über »Zara, che fu«. Darin erfährt man viel über die ganz eigene Kultur der Stadt, zum Beispiel über die Franzosen. Sie brachten Freizügigkeit und die Spielleidenschaft hierher. Männer wie Frauen spielten tagaus, tagein in Botteghen, Kaffeehäusern, Schenken und im Casino. Alle spielten, Handwerker und Pfarrer, feine Damen und weniger feine – bis die Habsburger kamen, das Glücksspiel verboten und Geldstrafen einführten. Die Spielleidenschaft ist den Zaraini à la longue geblieben, es gibt heute nicht nur ein Casino und an jeder Ecke Lottokollekturen, sondern auch jede Menge private Spielhöllen.

Am Beginn der französischen Herrschaft, 1797, zählte General Marmont in Dalmatien 257.000 Einwohner, zehn Prozent der Bevölkerung waren orthodox, der Rest katholisch, 483 jüdisch und 35 protestantisch. 1844 stieg die Einwohnerzahl auf 403.000, die Volkszählung 1910 ergab 645.000 Einwohner. In diesem Jahr waren bereits zwanzig Prozent der Bevölkerung ab 1885 nach Übersee ausgewandert.

Am dichtesten besiedelt war das Küstenland um Trogir und Split. Seit 1865 nahm die italienische Bevölkerung kontinuierlich ab, von 55.000 auf 18.000. Ab 1910 konzentrierten sich die Italiener nur noch in Zara (Zadar).

Interessant und nicht unwesentlich für die nationale Entwicklung an der Küste ist die Zahl der Serben. 1910 lag der Anteil der serbischen Bevölkerung in ganz Dalmatien bei siebzehn Prozent und konzentrierte sich in Benkovac und Kotor (das heute zu Montenegro gehört), wo ihr Anteil über fünfzig Prozent lag. Auf den Inseln Brač, Hvar und Korčula wurden keine Serben gezählt, in Makarska, Split und Zadar war ihr Anteil gering.

Italienische Demografen setzen den Anteil der Bevölkerung venezianischen Ursprungs wesentlich höher an. So sollen zu Beginn der österreichischen Zeit noch 80.000 Venezianer italienischer Muttersprache in Dalmatien gelebt haben – das wäre ein Drittel der Bevölkerung. Jedenfalls sind in den Dialekten und in der Umgangssprache folgende Terminologien bis heute italienisch: die ursprünglichen Namen der Inseln, Seewege und Ortschaften; Substantiva, die mit der Schifffahrt, der Fischerei, der Landwirtschaft und dem Haushalt zu tun haben.

Österreichischer Herkunft ist das meiste, was »öffentlich« ist, also Kasernen, Verwaltungsgebäude und Schulen – und die Parkanlagen, wie der Stadtpark von Zadar, er wurde 1828 von General Franz Ludwig Baron von Welden angelegt und wahrscheinlich seit 1940 nicht mehr gepflegt, sonst sähe er jetzt nicht so erbärmlich aus. Ich mag aber das Vergammelte gern, mich stört es nicht. Von Welden, auf dessen Initiative auch der Grazer Schlosspark wächst, ließ aus allen Gegenden Dalmatiens Bäume, Sträucher und Blumen nach Zara bringen und schuf einen Landschaftspark nach englischem Vorbild, den ersten Botanischen Garten auf dem Balkan. Im Laufe der Zeit wurde der Park neoklassiziert, bekam eine chinesische Pagode und einen griechischen Tempel. Der Komponist Franz von Suppé, der lange in Zadar lebte, dirigierte hier viele Konzerte. Heute sind von den römischen Figuren und Bänken aus Stein nur noch Reste vorhanden, der Neptunbrunnen ist verschwunden. Ende des 19. Jahrhunderts hat die k. u. k. Forstverwaltung Wiener Neustadt den Park »erneuert«. Eine Inschrift auf einem Stein im Schatten der Lorbeerbäume erinnert daran.

Zara/Zadar war bis 1868 eine Stadtfestung erster Klasse und beherbergte Soldaten, die täglich bei Sonnenuntergang an der Zugbrücke ihre Wachmanöver abhielten. Jeden Abend wurden die Stadttore verriegelt und die Zugbrücke am Haupttor aufgezogen, sodass aus der Stadt wieder eine Insel wurde. Jeden Abend konnte man den deutschen Ruf »Wer da?« hören, und wer sich im Inneren der Stadt mit einer jungen Dame zeigte, mit der er nicht verheiratet war, wurde gleich verhaftet.

1865 wurde das Teatro Nuovo, später hieß es Teatro Verdi, eröffnet; es gab der Stadt fünfzig Jahre lang, bis zum Ersten Weltkrieg, seine kulturellen Impulse. Es blieb ein Forum zur Pflege der italienischen Sprache.

1918 wurden die italienischen Schauspieler im neuen Königreich Jugoslawien arbeitslos, sie drängten nach Zadar, doch hier gab es kein Geld mehr. Die Überschüsse, die das Theater in seiner Glanzzeit erwirtschaftet hatte, waren in einem Fonds in österreichischen Anleihen angelegt worden und verschwunden, und auch die Aristokratie hatte sich größtenteils aufgelöst.

Länger als die italienische Kultur hielt sich in Zadar das österreichische Kaffeehaus mit seinen Besuchern, die hier stundenlang sitzen. Zadar ist stolz darauf, mehr Cafés pro Quadratmeter »Stadt« zu besitzen als Paris. In diesen Kaffeehäusern gibt es weder einen guten Kaffee noch etwas Gutes zu essen, dafür aber das Wichtigste: Platz! Man sitzt in Zadars Cafés, um zu sehen und gesehen zu werden und um Geschäfte zu machen.

Mein Lieblingskaffeehaus ist das »Lovre« am Volksplatz, in der k. u. k. Zeit hieß es Café Cosmacendi. Damals beschäftigte es einen berühmten Konditor aus dem Norden, Peter Meyerhofer, und einen solchen würde die Stadt heute wieder dringend brauchen. Er führte auch einen Eissalon, für den das Eis zur Erzeugung im Winter aus den bosnischen Bergen geholt und in Kellern gelagert wurde. Um den Kaffee mit frischer Milch zu servieren, wurden ein paar Kühe im Stadtpark gehalten, und wer keinen Kaffee trank, ging in die Birreria Klingendrath.

Das berühmteste Kaffeehaus wurde aber erst 1891 eröffnet, das Café Zentral. Wie seine Vorbilder in Wien, Triest und Budapest wurde es von den Kaffeehausliteraten aufgesucht, die zu dieser Zeit in Zara/Zadar aus dem österreichischen, italienischen, kroatischen und serbischen Umfeld stammten und dementsprechend polemisierten und politisierten. Sie konnten sich Luft machen, und nie kam es in Zadar zu Ausschreitungen. Das Café Zentral war auch Ort ausgedehnter Festivitäten, ein gesellschaftlicher Treffpunkt, der seine Pracht auch aus einem edlen Interieur und prächtigen Lustern bezog, die 1894 erstmals elektrisch leuchteten. Das »Zentral« gibt es nicht mehr. Es machte 2005 einem Fetzenladen Platz, der aus Spanien stammt. Schade. Denn es war bis zu diesem Zeitpunkt ein gut besuchtes Kaffeehaus, hatte zwar nur wenige k. u. k. Möbel in die Gegenwart herübergerettet, wurde aber offenbar in den fünfziger Jahren neu ausstaffiert. Diese Einrichtung, heute wäre sie »trendy«, blieb erhalten und bot vor allem den Studenten der Universität Zadar Platz.

Schräg gegenüber dem nicht mehr vorhandenen »Cafe Zentral« befindet sich heute das Theater, das einzige in der bereits einhunderttausend Einwohner zählenden, boomenden Stadt. Es fasst meiner Zählung nach ungefähr vierhundert Plätze, und es scheint, als wären sie genug. Kürzlich im November lauschte ich dem kroatischen Starpianisten Maksim Mrvica, der vor nicht ausverkauftem Saal virtuos spielte. Das kulturell interessierte Publikum ist dünn gesät in dieser Stadt. Da hatten die beiden »Albaner« schon Recht, als sie erzählten, dass mit dem Auszug der Italiener aus Zara auch die städtische Kultur ausgezogen ist. Recht gut besucht sind die Freiluftkonzerte im Sommer, aber da sind ja die Touristen da.

1894 wurde unter dem Meer die Telefonleitung Zara–Pola/Zadar–Pula gelegt und im Café Zentral ein Telefon installiert. Die ersten Ansichtskarten erschienen 1898, produziert von Heinrich von Schönfeld, und 1902 ertönte das erste Grammofon. In den sich mehrenden Badeanstalten tummelten sich die Damen im Badeanzug, und die ersten Pauschalreisenden trafen im Hafen ein. Die Dampfschiffe des staatlichen und langsamen österreichischen Lloyd wie auch die der schnelleren Ungaro-Croata-Linie, die dem privaten Reeder Joseph Böck gehörte, legten an der Mole an.

Am Abend, nach dem verplauderten Nachmittag in Foša, holte Alessandro mich bei meiner Freundin Nives zum Essen ab.

Wir gingen in ein bekanntes Restaurant in der Touristenzone im Norden der Stadt, mehr will ich nicht verraten. Dort kann man ungemütlich sitzen, aber ausgezeichnet Fisch essen. Vor unseren Augen trug der Kellner eine dampfende Schüssel mit Steinbohrern auf, »Datteri di Mare«. Er servierte sie an einem Tisch, an welchem zwei bekannte Politiker und ihre Gäste saßen, von der Sorte, von der man keinen Gebrauchtwagen kauft. Sie begingen gerade eine Straftat, indem sie Steinbohrer aßen.

Steinbohrer sind eine Delikatesse. Steinbohrer stehen unter Naturschutz, und es ist strengstens verboten, sie den Steinen und Felsen zu entnehmen, in die sich diese Muscheln hineinbohren. Früher wurden sie aus den Felsen herausgeklopft, und der Schaden am Gestein hielt sich in Grenzen, denn es dauerte ein Weilchen, bis sich jemand sein Abendessen erklopft hatte. Als man begann, die Felsen mit Dynamit zu sprengen, um rascher zu einer größeren Menge der teuren Muscheln zu kommen, lösten sich die Fundamente einiger Küstenstriche auf – so massiv war der Run auf diese Speise, die in den sechziger Jahren noch zum Standardangebot besserer Restaurants an der gesamten Adria gehörte. Heute hat das strenge Ernteverbot leider, anstatt die Landschaften und die Tiere zu schützen, das Gegenteil bewirkt, weil doppelt gut schmeckt, was verboten ist, und Alessandro wusste auch zu berichten, dass die verbotenen Meeresfrüchte von »Wilderern« geerntet und in einem blühenden »Steinbohrerschmuggel« nach Italien exportiert werden.

Tags darauf fuhr ich, nach diesem Ausflug in die Zivilisation, zurück auf meine Insel. Am Nachmittag, als der Katamaran anlegte, war die Mole wie ausgestorben. Kein einziger Alter saß auf der Steinbank im Hafen, auch Milivoijs Kneipe war geschlossen. Alle waren draußen auf dem Meer. Es war drei Tage vor Vollmond, die ideale Zeit, um auf Oktopus-Jagd und Tintenfisch-Fang zu gehen.

Ende November reduzierte sich das Angebot im Kaufhaus auf Konserven und Bananen. Die Sonne schien noch warm, die Erdbeerbäume in der Macchia trugen ihre roten und gelben Kugelfrüchte. Um mir die Zeit zwischen dem Schreiben und dem Joggen und dem Kroatisch-Unterricht zu vertreiben, flocht ich aus Lorbeer, aus Myrten und Erdbeerstrauchzweigen einen Adventkranz. Eine Nachbarin schenkte mir ein paar Granatäpfel. Ich schnitt sie in der Mitte durch und presste ihren Saft in der Zitronenpresse aus. Er ist gemischt mit dem Saft von Mandarinen oder Orangen im Verhältnis drei zu eins eines der köstlichsten Getränke, die man sich vorstellen kann. Ich backte ein paar Kekse und brachte sie den Nachbarn. Weihnachten kam, und irgendwer hatte den großen Baum unten im Hafen mit Lichtgirlanden geschmückt.

Am 10. Dezember machte Krešimir die Luken dicht, wir räumten die Möbel von der Terrasse. Ich packte in meine Tiefkühltasche zwei Kilo Kalamari ein und fuhr damit morgens um fünf Uhr zwanzig nach Zadar. Ich besuchte meine Freundinnen am Bauamt, erledigte ein paar Zahlungen auf der Bank, wünschte meinem Anwalt ein frohes Fest und fuhr nach Wien, wo ich, nachdem ich mit meiner Familie Weihnachten feierte, bald wieder Sehnsucht nach Dalmatien bekam.

Villa Papparella

Edeltrauds Anruf kam überraschend Ende Jänner. Ein Bekannter von ihr aus dem Kirchenchor wollte eine kleine Wohnung verkaufen, sehr günstig. Also flog ich kurzerhand in den Süden, um mir das Objekt anzuschauen: eine Wohnung in einer schönen alten, vergammelten Jahrhundertwende-Villa.

Es war Februar, die Stadt glänzte in ihrer Karnevalsdekoration, auf den Plätzen standen die Maronibrater, es war saukalt, dennoch saßen vor den Kaffeehäusern auf den Plätzen und an der Straße die unvermeidlichen Habitués auf den weißen Plastikstühlen, in wattierten Jacken, sie rauchten und tranken ihre Kaffees und diskutierten. Es war Freitagvormittag, der Tag, an dem es im Zentrum wie in einem Ameisenhaufen wimmelt, Edeltraud sagte: »Die Wohnung ist leicht reparaturbedürftig, hat sechzig Quadratmeter und kostet dreißigtausend Mark.« Obwohl wir das Jahr 2003 schrieben, dachte sie immer noch in D-Mark, und ich musste rasch umrechnen. Der Preis war diskutabel, so viel wie ein neueres Auto kostet. Sie startete ihren alten Zastava, Baujahr 1978, der immer noch ging. Wir fuhren ein paar Häuserblocks um die Ecke und parkten am Randstein in einer Gegend, die ein Tourist normalerweise nie aufsucht.

Die Villa war grau verputzt, der Stuck an der Fassade bröckelte stellenweise ab und ließ schwungvolle Ornamente erahnen. Die Rückseite und die Seiten waren gelb gestrichen und wiesen Einschusslöcher aus dem letzten Krieg auf, quer über eine Seitenwand war in großen schwarzen Lettern HDZ gesprayt, die Initialen der Nationalpartei. Ein alter Mann schaufelte in einen Keller Brennholzscheite hinein. Die Substanz der Villa schien aber in Ordnung zu sein, die Mauern waren aus Stein, wie der klassizistische Giebel und das Portal. Edeltraud zeigte nach oben: »Die Wohnung liegt im zweiten Stock.« Eine einzelne Palme im Garten des Nachbarn gab dem Ensemble einen

Hauch von »Riviera«. Im Vorgarten, der sichtlich zum Gebäude gehört, standen mehrere Baracken und mitten im Weg eine Garage. Die hatte sich einer wohl, ohne zu fragen, hinbetoniert. Die Dächer der Baracken waren aus durchlöchertem Blech. Aber das störte mich nicht. Wichtig war der Standort des Gebäudes, das nah am Stadtpark, fünf Minuten vom venezianischen Stadttor in Foša und vom Hafen liegt, wo die Boote nach Olib abfahren. Vor hundert Jahren, als die Villa erbaut wurde, war sie von Obstgärten umgeben, in denen die berühmten Maraschino-Weichseln wuchsen; heute liegt sie mitten in der Stadt. Der Besitzer der Villa war ein Signore Papparella, ein bekannter Mühlenbesitzer und Pastafabrikant in Zadar, ein typischer Vertreter des italienischen Großkapitals. Die Papparella müssen sehr reich gewesen sein. Ähnlich wie man in Österreich, wenn man es nicht allzu dick hatte, sagte: »Wir sind ja nicht bei Thurn und Taxis«, hieß es in Zadar, wenn man sparen musste: »Wir sind ja nicht bei Papparella.«

Dem Baustil nach zu schließen, wurde die Umgebung der Landvilla erst nach 1945 parzelliert und verbaut, ein Gebäude ist hässlicher als das andere, es ist alles da, von Einfamilienhäusern zu Plattenbauten, und über allem thront eine mächtige Betonruine, in den achtziger Jahren begonnen und noch nicht fertiggestellt. Gegenwärtige Baupläne sehen am großen Marktplatz gleich um die Ecke eine Kino-City und Musical-Hall vor, etwas weiter errichten österreichische Banken ihre Bürogebäude. Ein architektonisch interessantes Shoppingcenter steht schon, es ist fast leer und wartet noch auf Mieter und Kunden.

Ich ging hinunter zum Meer, wo das städtische Strandbad ist, um an der Promenade entlang nach Arbanasi zu spazieren. Im Strandbad gibt es ein betoniertes Becken, in dem könnten die Sportler trainieren. Tun sie aber nicht mehr. Der Beton ist dick mit grünen Algen bedeckt. Es stank. Hundert Meter weiter traf ich Danko, der in der Nähe wohnt. Wir befanden uns am Ufer, auf der Höhe des Krankenhauses, und es stank schon wieder. Der Grund war ein Kanaldeckel, drei Meter vom Strand entfernt. »Na so was«, sagte Danko, »der kommt wohl vom Krankenhaus.« – »Wie wird«, wollte ich wissen, »die Stadt entsorgt?« – »Bestens.« Man habe, erklärte er, die Kanalrohre weit hinaus ins Meer verlängert. Dieses eine hier hatte man offenbar vergessen.

Die Strandpromenade war frequentiert. Spaziergänger, mit und ohne Hunde, Radfahrer, Schülergruppen, Plaudertaschen, wir trafen eine Menge Leute. Unter Pinien spielten zwei Rentner Schach. Überall lag Müll herum.

Es war am Tag nach der Kaufvorvertragsunterzeichnung, als ich mich in den verstaubten grünen Fauteuil aus 1954 setzte, um in meiner neuen alten Wohnung ein Nickerchen zu machen, eine Siesta, wie ich es mir angewöhnt hatte. Ich machte es mir bequem und legte die Füße auf ein Fenstersims, draußen zogen dunkle Wolken auf. Wintergewitter sind in Dalmatien nicht selten, und ich war froh, rechtzeitig unter Dach zu sein. Die Luft war angenehm warm, und auf dem alten, dunklen Eichenparkettboden in schönem Fischgrätmuster bewegte sich etwas. Es war ein drei Zentimeter kleiner brauner Gecko, ich beobachtete ihn lange, fing ihn dann mit einem Marmeladeglas, das in der alten Küche herumstand, ein und trug ihn hinunter ins Freie. So ein Gecko bringt Glück, ich sah ihn als gutes Zeichen. Dann ging ich wieder nach oben, um ein wenig weiterzuschlafen, bis mich etwas weckte. Wasser tropfte auf meine Stirn! Aha, das war es also, was den schönen Parkettboden stellenweise etwas morsch aussehen ließ: ein Leck im Dach!

So blieb mir nichts anderes übrig, als am Dach nachzuschauen. Ich aktivierte mit Hilfe der netten serbischen Wohnungsnachbarin die Leiter, die im Flur an der Wand hing, und stieg, während sie die Leiter festhielt, durch die sechzig mal sechzig Zentimeter große Luke in den Dachboden hinauf. Dort hätte ich früher hinaufklettern sollen, jetzt war es zu spät! Den Verkäufer auf versteckte Mängel zu klagen war Illusion. Gerichtsverfahren dauern laut einer Information der Außenhandelsstelle Zagreb der österreichischen Wirtschaftskammer in Kroatien bis zu zehn Jahre. Das Problem musste also anders gelöst werden – aber nicht nur auf meine Kosten.

Der Lokalaugenschein ergab drei Löcher im Dach und einen zerbröselnden Kamin. Lauter Dinge, deren Reparatur in einem Eigentumswohnhaus auch in Kroatien von der Eigentümergemeinschaft bezahlt werden muss.

Als ich wieder im Flur stand, lud mich meine Nachbarin in ihre Wohnung ein und zeigte mir an der Decke im Wohnzimmer einen großen nassen Fleck. Sie hatte auch einen! Die Dachsanierung, machte sie mir deutlich, müsse aber nicht sie, sondern die Stadtgemeinde zahlen, sie sei ja nur Mieterin und die Gemeinde Eigentümerin. In der Villa Papparella gab es, als ich zum ersten Mal dort war, vier Wohnungen in privatem Eigentum, zwei gehörten der Stadtgemeinde, die sie vermietet hatte.

Tags darauf machte ich mich, von einer Übersetzerin begleitet, auf eine Goodwilltour durch das Haus, um bei den Miteigentümern Verständnis für eine Dachreparatur zu wecken. Auf dieser Tour sah ich mir die Villa etwas kritischer an. Es wackelte das Stiegengeländer, das Haustor verfaulte und ließ sich nicht schließen, und im Stiegenhaus gab es kein Licht. Das ist eine der Kehrseiten der sozialistischen »Small is beautiful«-Wirtschaft: Jeder kümmert sich nur um das seine nach dem Motto »Klein aber mein«, für das Allgemeine oder gar Gemeinsame haben »die anderen« zu sorgen.

Kam man abends in das Haus, so benötigte man eine Taschenlampe, um zu seiner Wohnung zu gelangen; das störte aber nur mich. Auch vor dem Haus brannte kein Licht, und man musste aufpassen, dass man über keinen Brennholzstapel fiel, sich nicht in der nassen Wäsche verfing, die an der Leine hing, und nicht über einen Kleinstwagen Marke »Jugo« stolperte, den der Besitzer quer vor dem Haustor parkt und behauptet, er habe auf den Parkplatz eine Art Gewohnheitsrecht. Wie sollte ich meinen Miteigentümern nun klarmachen, dass die drei

Löcher im Dach repariert werden müssen wie vieles andere auch? Die Wohnung, die ich kaufte, hatte offenbar als eine Art Auffanglager für Schäden von oben gedient. Aber damit war es jetzt aus. Ein jeder von uns, die Stadtgemeinde eingeschlossen, sei ein Sechsteleigentümer der Bausubstanz, auch vom Stiegenhaus, dem Haustor und dem Dach, übersetzte meine Begleiterin, und habe nicht nur Rechte, sondern auch Pflichten; sie stieß mit dieser Feststellung auf großes Unverständnis. »Aha«, sagten die Eigentümer entschieden, »aber wir zahlen nichts für dieses Dach, dafür sind wir nicht zuständig, sondern jemand anderer, zum Beispiel der Staat. Oder Sie! Ja, wenn Sie nicht wollen, dass es bei Ihnen hineinregnet, dann müssen Sie das Dach reparieren«, das meinten nicht nur die beiden Eigentümer aus dem Parterre, sondern auch die unter mir im ersten Stock, ein altes Ehepaar, das mich argwöhnisch musterte.

Der Regen ging vorüber, doch der nasse Fleck an der Decke blieb. Ich musste irgendetwas unternehmen und wollte nicht wieder, wie auf Olib, eine Bauaufsicht organisieren; das Ding hier war dafür viel zu klein. Also organisierte ich den arbeitslosen Freund eines Freundes, damit er etwas schwarz verdienen konnte. Er klopfte den Putz an der Decke ab, um die Balken freizulegen. Diese Balken waren an der regennassen Fläche nicht nur morsch, sondern auch verkohlt, ein Kaminbrand von anno dazumal zeigte seine Folgen. An einer Stelle von circa zwei mal zwei Meter musste die Decke erneuert werden. Wo er den Putz abgeklopft hatte, klafften nun Lücken.

Ich wohnte in dieser Zeit bei meiner gastfreundlichen Freundin im Gästezimmer. Das Wetter blieb regnerisch, und schon einen Tag später meldeten sich die alten Leutchen aus der Wohnung unter mir, sie waren völlig aus dem Häuschen. Jetzt regne es auch bei ihnen hinein, teilten sie mir mit, weil ich die Decke geöffnet hatte. »Wenn Sie das nicht wollen«, meinte ich, »dann müssen wir alle gemeinsam Dach und Balken reparieren und zahlen.« Davon ging ich nicht ab.

Ich breitete Plastikplanen auf den Boden, stellte Kübeln auf und konsultierte den Rechtsanwalt. »Ja«, sagte der, »es müssen alle dazuzahlen, doch ich kann Ihnen sagen, dass keiner zahlen wird. Ich an Ihrer Stelle würde tun, was die meisten in Ihrer Situation hier tun: die Decke Ihrer Wohnung öffnen und von dort in den Dachboden gehen, das Dach reparieren und danach den Dachraum nutzen. Machen Sie dicht und eine Maisonette, es wird Sie keiner danach fragen.«

Aber das wollte ich nicht. Vielleicht würden mir die Miteigentümer ihre Dachbodenanteile schenken, träumte ich. Dann wollte ich mich im Gegenzug zur Sanierung des Dachraums und des Dachs verpflichten. Ich sah schon eine kleine Dachterrasse entstehen, mit Blick zum Meer. »Würden Sie mir Ihren Anteil überlassen«, fragte ich die drei Privateigentümer, »wenn ich in Zukunft diesen Teil des Hauses instand halte?« – »Aber ja«, sagten alle, »das tun wir gern.« Daraufhin tranken wir in jedem Stockwerk ein Glas Rakija. Darüber schrieb der Anwalt auf mein Ersuchen eine Vereinbarung nieder, die sollten die Miteigentümer unterschreiben. Kaum hatten sie das Blatt Papier in Händen, sagten sie: »Nein, unterschreiben tun wir nicht.«

Ich musste etwas anderes versuchen.

Von Anfang an zahlte ich Strom – einen sehr geringen Betrag, weil die »Grundversorgung« in Kroatien sehr preiswert ist, und ich zahlte einen monatlichen Betrag von sieben Euro an einen Hausverwalter mit Namen »Zadar Stan«. Der müsste ja mit dem Geld, das er von den Eigentümern bekommt, etwas machen, dachte ich. Zum Beispiel ein Dach reparieren. Also ging ich zur Hausverwaltung hin, wo mich die Sekretärinnen freundlich begrüßten. Der Direktor der Hausverwaltung, schon wieder so ein fescher, dunkelhaariger, hochgewachsener Kroate im Nadelstreifanzug, war besonders charmant. Er sagte: »Sie sind die Einzige im Haus, die regelmäßig ihren Verwaltungsbeitrag zahlt.« Dann schaute er in seinen Computer auf das Konto, da waren nach fünf Monaten fünf mal sieben, also fünfunddreißig Euro drauf.

Klar, dass man davon das Dach nicht reparieren kann. Auch die Stadtgemeinde zahle keine Beiträge, sagte der freundliche Hausverwalter und hob resigniert die breiten Schultern, »leider nicht«. Also ging ich zur Stadtgemeinde, um dort eine kompetente Person zu fragen, eine große Dame mit wilden Locken in grauem Kostüm. »Nein«, sagte diese, »unsere Wohnungen haben wir vermietet, und die Gebühren müssen die Mieter zahlen.«

Wer mir nun den nächsten Vorschlag machte, weiß ich nicht mehr, er ging jedenfalls dahin, dass ich den Eigentümern den Dachboden abkaufe. Und nachdem die Stadt Zadar zwei Anteile des Dachbodens besaß, trug ich mein Ansinnen bei der Stadtverwaltung vor. Ein charmanter Beamter fand die Idee nicht schlecht, wandte nur ein, dass es sich um öffentliches Gut handle und die Durchführung der Zustimmung des Gemeinderats bedürfe. Dem Ganzen müsse auch eine Schätzung des Dachbodens vorangehen, um den Kaufpreis festzulegen, damit alles seine Ordnung habe. Ein staatlich beeideter Ingenieur sollte das Ganze schätzen. So stieg kurz darauf ein Mann mit Aktenkoffer und Nickelbrille in den Dachboden, um den Raum zu vermessen. Er war auf dem letzten Stand der Technik und schickte mir das Resultat, mit Fotos vorbildlich dokumentiert, per E-Mail. Zwölftausend Euro sei der ganze Dachraum wert, stellte er fest, und um viertausend würde die Stadt ihre Anteile verkaufen. Der Verkauf müsse aber offiziell in der Zeitung ausgeschrieben werden; es sei, so versicherte der Ingenieur, aber nur eine Formsache. Denn wer sonst als ich sollte ein Angebot machen? Niemand außer mir könne Interesse zeigen, da der Dachboden an seiner höchsten Stelle nur zwei Meter misst. Parifizierung sei nicht nötig, man mache das Ding ja nur, damit es einen Namen hat. So wurde der Verkauf zum Preis von viertausend Euro zuerst im Gemeinderat beschlossen, und es erfolgte in der Regionaltageszeitung eine Annonce mit fünf Tagen Frist für ein Angebot in verschlossenem Kuvert. Termingerecht offerierte mein Anwalt die vereinbarte Summe.

Es war Juni, und mein arbeitsloser Pfuscher hatte den Parkettboden in der Wohnung halbwegs saniert, auch das Loch in der Decke hatte er statisch so gefestigt, dass man eine Dachbodentreppe daranhängen konnte. Er arbeitete wirklich günstig, also ließ ich ihn auch das Bad und die Küche neu verfliesen. Dazu brauchte er mehrere Wochen, er war der langsamste Mensch, der mir in meinem Leben je begegnet ist, und Gott sei Dank wurde er nach Quadratmetern bezahlt. Bedächtig reihte er Fliese an Fliese und schien seine Arbeit wirklich zu genießen – nichts konnte ihn beim Fliesenkleben aus der Ruhe bringen. Ja, dieser Mann war im beneidenswerten »Flow«. Über solche »glücklichen« Menschen schreiben derzeit deutsche Managementtrainer Ratgeber, die lauter Bestseller sind. Alle Geräte, die er zum Arbeiten brauchte, borgte er sich von anderen Pfuschern aus. Ich glaube, er holte den Zement kiloweise. Zwischenzeitlich arbeitete er auch an anderen Baustellen, die Zeit verging. Lange jedoch hielt sein Werk nicht: Denn kaum war er ausbezahlt und wie vom Erdboden verschwunden, fielen die Fliesen bei der Montage der Küchenkästchen wieder ab.

Unter der Öffnung an der Decke standen nun statt Plastikkübeln Plastikwannen, weil der Boden darunter neu war.

Auf einem Fenstergesims nistete sich ein Schwarm Bienen ein. »Was heißt Imkerverband auf Kroatisch?« Ich hätte den Verband gerne um Rat gefragt, aber kein Telefonbuch und kein Mensch konnte mir weiterhelfen. War auch nicht nötig, weil sich jedes Problem im Leben irgendwann, wenn man genügend Zeit hat, von selber löst. Nach zwei Wochen war der Schwarm von selber wieder weg.

Ich war schon längst wieder zufrieden auf Olib, als mich mein Anwalt anrief. Bedauerlicherweise, teilte er mit, habe ein anderer Käufer statt viertausend Euro sechstausend geboten und werde den Dachbodenanteil der Gemeinde kaufen. »Aber bitte, wer kauft aus welchem Interesse einen Dachbodenanteil, den er nie nutzen kann?«

Es war Ende Oktober, als mir eine männliche Stimme am Handy in gebrochenem Englisch vorschlug, uns im Café Zentral zu treffen, Erkennungszeichen nicht nötig. Er stand kurz vom Tisch auf, als ich eintrat, und bewegte abfällig einladend die Hand. Er habe gehört, sagte der Mann mit dem öligen schwarzen Haar, den schwarzen Augen, dem dunkelblauen Anzug und der kaisergelben Krawatte, dass ich Interesse hätte, und er könnte mir seinen Dachbodenanteil um sechstausend plus zweitausend Euro Provision abtreten. Ich sagte nur: »Ich habe kein Interesse.« Gegen Weihnachten rief er nochmals an. Er fühle sich von der Gemeinde betrogen und habe den Kaufvertrag nun doch nicht unterschrieben, könne aber gegen eine Entschädigung von zweitausend Euro für seine unendlichen Mühen vom Vertrag zurücktreten. Ich sagte nur: »Izvolite, wie Sie wollen«, und ließ Herrn Milan Strohman auf seinem tollen Angebot sitzen. So wurde der Dachbodenanteil weder ver- noch gekauft, und alles blieb beim Alten. Die Löcher im Dach habe ich natürlich auf meine Rechnung flicken lassen. »Super«, sagte meine nette serbische Nachbarin, »die richten immer was, die von Zadar Stan.«

Als ich meinen Oldies auf der Insel die Geschichte erzählte, bemerkten sie dazu nur verächtlich: »Balkan!«

Was ich nun tun werde? Natürlich, so wie jeder hier, abwarten. Kommt Zeit, kommt Rat. Ich investierte in eine handliche Taschenlampe, damit ich, bin ich mal in Zadar, auch nachts unbeschadet durch das unbeleuchtete Stiegenhaus mit dem wackeligen Geländer meine Bleibe im zweiten Stock der Villa Papparella finden kann.